论语之研究

[日]武内义雄 著

陈敏 译

长江出版传媒 崇文书局

图书在版编目（ＣＩＰ）数据

论语之研究 ／（日）武内义雄著；陈敏译 ． -- 武汉：
崇文书局，2023.3
　（武内义雄文集）
　ISBN 978-7-5403-7059-6

　Ⅰ．①论… Ⅱ．①武… ②陈… Ⅲ．①《论语》一研
究 Ⅳ．① B222.25

　中国版本图书馆 CIP 数据核字（2022）第 244722 号

论语之研究
LUNYU ZHI YANJIU

出 版 人　韩　敏
策划编辑　鲁兴刚
责任编辑　鲁兴刚　李艳丽
责任校对　董　颖
装帧设计　彭振威设计事务所
责任印制　李佳超
出版发行　长江出版传媒 崇文书局
地　　址　武汉市雄楚大街 268 号 C 座 11 层
电　　话　(027)87677133　邮政编码　430070
印　　刷　湖北新华印务有限公司
开　　本　880 mm×1230 mm　1/32
印　　张　7.5
字　　数　137 千
版　　次　2023 年 3 月第 1 版
印　　次　2023 年 3 月第 1 次印刷
定　　价　66.00 元
（如发现印装质量问题，影响阅读，由本社负责调换）

武内义雄

1886—1966，字谊卿，号述庵。京都大学文学博士，日本东北大学名誉教授，日本学士院会员，获"文化功劳者"称号。师从狩野直喜，研究集清代考据学与日本汉学文献批判学之长，奠定了日本中国思想史研究基础。著有《论语之研究》《老子原始》等，另有《武内义雄全集》十卷行世。

陈敏

日本名古屋大学人文学研究科博士生，想养两只猫。

目 录

引 言

我还在京都大学当学生的时候，曾有幸听过狩野直喜先生名为"论语研究"的课程。这门课给我诸多启发，尤其是伊藤仁斋先生对《论语》的"原典批判"使我深感佩服。按照一般的看法，《论语》二十篇为孔子门人编纂之作，但仁斋先生将其分为上论十篇和下论十篇，并认为仅上论是古老的《论语》，下论是后世续辑的补遗，二者无论从思想上还是从文体上来看均有很大隔阂。这一看法是仁斋先生在前人未及之处所提出的创见。我们为我国前辈学人能提出如此卓越的见地而骄傲。但若将仁斋先生的论述继续深入推进，上论十篇仍可自然分出两个部分，下论十篇中也有新异成分，或有必要进行更细致的分析考证。

很长时间以来，我在读《论语》的时候都带着这一疑问。

偶然在王充的《论衡》中读到，在现行本《论语》之前还存在齐鲁二篇本和河间七篇本这两种《论语》。将这两个版本对应到现行本，则大致《为政》到《泰伯》七篇为河间七篇本，《学而》《乡党》两篇为齐鲁二篇本。又读到清儒崔东壁的《论语余说》，下论十篇中，特别是《季氏》《阳货》《微子》三篇应为后世所作，这一观点让我产生共鸣。因此我开始思考，若将《论语》二十篇分为四个部分，考证其先后顺序并进行比较研究，应该可以厘清儒家思想的发展脉络。

于是，在几年前高濑武次郎先生的六十岁纪念演讲会上，我讲出大致想法向诸方请教，之后又花了一年时间在东北大学的课堂上详细论述这一想法，但还是没有勇气公布于世。直到最近，我读到岩波书店"大教育家文库"中收录的和辻哲郎博士新作《孔子》，发现其中引用了我很早以前所做的演讲立论。鄙见长久以来并无多大反响，博士引用并表示赞赏，让我不禁有觅得知音之感。不过，我的想法在那之后多少有所改变，而且博士的新书也给我不少启发，于是我决定将原来的讲义内容修改之后出书问世。当然，对我的这点浅见，博学之士也许会斥为无稽之谈，但我想说这并非临时起意，而是我经过十年深思熟虑的结果。

附录的两篇文章之中，《汉石经论语残字考》是为恩师狩野先生的纪念论文集所写的稿子，其中假设汉石经的《论语》

为《张禹鲁论》，并试着以此为基准考察中国版本和日本写本逐步分化的过程。但最近洛阳郊外出土的石经残块中所发现的资料能证实前说，因此收录时对原稿进行了少量修改。

《本邦旧抄本论语之二系统》为一篇概论，是我过去数年间对宫内省图书寮、醍醐三宝院、栂尾高山寺、岩崎氏的东洋文库所藏旧抄本校勘的成果。此文节选自昭和八年为纪念大阪府立图书馆创立三十周年出版正平祖版《论语》时，应今井贯一馆长之邀所写《正平版论语源流考》一文的前半部分。日本现存《论语》旧抄本数量颇丰，其中一部分成为山井昆仑《七经孟子考文》、吉田篁墩《论语集解考异》的材料，对《论语》的校勘学贡献很大。但这些前辈的校勘仅致力于罗列异文以决其优劣，遗憾的是，对这些异文本于不同学派、家法这一点却等闲视之。我在对校《论语》旧抄本之后，发现同为明经博士，清原家与中原家的家抄本亦有所不同，并且即使同为清原家的抄本，也会随时代更替而有所订正。因此，我一直想根据经学博士家的谱系考其学统，整理以往的对校记录撰写一部《论语选异》，但尚未得闲，在此刊出大致想法，敬请诸位方家指教。[1]

1　本书据《武内义雄全集》第一卷所收《論語の研究》译出，未收录上述两文。下文提及的图片亦未收入，请参见原书。——编注

本书卷首所附照片之中：

一、钱梫溪本汉石经《论语》残字

二、新出汉石经《论语》及《后记》残块

三、新出汉石经《论语》《后记》残石两块

均为汉石经相关之物，第一叶是从我在大阪博文堂此前影印出版的罗振玉氏藏本中微缩借印而来，后两叶转印自近来洛阳郊外太学遗迹出土的石经残块的原拓本。吾辈据此可以遥想两千年前《论语》的只字片语，同时也可依其后记推定汉石经的正文为《张禹鲁论》，真乃幸事。

四、敦煌出土唐龙纪抄郑注《论语》残卷

郑注《论语》是依据承袭《张禹鲁论》系统的周氏本为底本，并参照孔氏古文本读正并加注，位于汉石经与何晏《集解》之间，但早已散佚而无完本存世。宋代以后的学者只能从诸书中辑选逸文以窥其一斑，但近来因中亚探险而发现三种残缺本。第一种是法国国家图书馆藏伯希和文书中的一卷，存《述而》至《乡党》四篇的大部分。第二种是中村不折翁所藏《颜渊》篇残卷。第三种是西本愿寺大谷光瑞伯爵获得的《子路》篇末尾及《宪问》篇开头部分的残片，亦归于已故内藤湖南先生。此处展示的是第一种残卷，转印自罗振玉所编影印本《鸣沙石室佚书》。卷末题记"龙纪二年二月燉煌县"云云，龙纪是唐昭宗的年号，龙纪二年即公元 890 年，即日本宇多天皇时的宽平二年。

五、唐石经论语

汉石经是最早的石刻经书，但至今能见到的只是一些残石。与之相反，唐石经刻于唐文宗开成年间，现在仍几乎完整地保存于西安碑林之中，令人欣慰。其中的《论语》仅为何晏《论语集解》的经文部分，但中国后世所传《论语》版本均出自此石经，因此可以将其看作中国现存《论语》的代表性文本。该照片影印自东北帝国大学附属图书馆所藏原拓本。

六、国宝高山寺本《论语》残卷

七、国宝高山寺本《论语》残卷卷末识语

八、东洋文库藏正和抄《论语》

九、同第一卷卷末识语之一

十、同第一卷卷末识语之二

十一、御府尊藏嘉历抄《论语》

十二、同第一卷卷末识语

十三、大阪府立图书馆藏正平祖版《论语》

以上八张照片为本邦所传《论语》，其中六、七为明经博士中原家家本，八至十二为明经博士清原家家本。九的卷末识语第一项与十二的卷末识语第一项完全相同，证明正和本与嘉历本为同一文本。十三为正平祖版末叶，其内容与正和本及嘉历本相似，可以推知其应属于清原家家本的别系版本，而据其卷末"堺浦道祐"云云两行与前后文字笔迹不同，且其中有"重新命工镂梓"字样，则可以推测在早于正平甲辰的古代，就有日下逸人写定本参照的旧版，正平版为该旧版再刊之物。以上八叶照片中，六、八、九、十这四叶出自和田云邨翁《访书余录》，七、十一、十三出自大阪府立图书馆编纂的《论语善本书影》，十二出自已故林泰辅博士《论语年谱》，得作者或其遗族许可而转载，在此谨表谢意。

本书出版之际，承蒙恩师狩野君山先生为扉页亲笔题字，不胜感激，谨致谢忱。

昭和十四年（1939）十月

著者

序 章

一 《论语》注解书

《论语》是孔子的言行录。时至今日，我们依然能遥想孔夫子的为人处世之道，受其教诲，都是因这本书存在。过去作为记述孔子生平的著作而受到尊重的还有《孔子家语》十卷本，但据清朝考证学者的研究，该书为魏人王肃伪作，不能轻信。因此，如今孔子研究最可靠的资料除《论语》以外别无他书。伊藤仁斋曾盛赞《论语》为"宇宙第一之书"，至少在孔子研究资料上面它确实是"宇宙第一之书"。

翻阅清初学者朱竹垞的《经义考》，其中列举的《论语》注释本多达三百七十余种，而据大正三年研经会所编《四书现存书目》，与《论语》相关的邦人著作也有二百四十种。若再算上朱竹垞之后中国学者的著述，以及《四书现存书目》中遗漏的邦人所作注释，以及西洋人的翻译等，则或许可达七八百种。其中散佚不传的书籍自然不在少数，但只计算现存于世的也应该不下四五百种。存世著述如此之多，可知《论语》是如何被广为推崇，如何被深入研究。后世学人要从事《论语》研究，应将这么多著述过目之后为前人研究增添新意。但要将四五百种前人著述一一熟读实为难事，可以说几乎不可能。因此，我们只能从如此多的注释本中择其代表性之作，以之为基础进行研究。

若论《论语》的注释本中代表性的著作，当推何晏的《集解》和朱子的《集注》。

二 何晏《集解》

何晏，字平叔，南阳人，东汉大将军何进之孙，其父为何咸。其母尹氏后为魏太祖曹操之姜，因此何晏在宫内长大，颇有才名，但明帝厌恶何晏浮华，处处打压。及正始年间曹爽专权，他才被提为散骑侍郎，迁为侍中尚书，后时运再临被封为关内侯，但正始十年为太傅司马宣王诛杀。《晋书·郑冲传》中记载郑冲与孙邕、曹义、荀顗、何晏一起整理《论语》

诸家训注编成《论语集解》并呈上，结合现行本卷首所引奏文署名为"光禄大夫关内侯臣孙邕、光禄大夫臣郑冲、散骑常侍中领军安乡亭侯臣曹羲、侍中臣荀顗、尚书驸马都尉关内侯臣何晏等上"，则该书原本似为五人共同撰写，但隋唐《志》以后皆作"何晏《集解》"，应是何晏主持编纂工作之故。关于这部集解本的沿革，下面的序言说明得最为详细。

　　叙曰：汉中垒校尉刘向言，《鲁论语》二十篇，皆孔子弟子记诸善言也。太子太傅夏侯胜、前将军萧望之、丞相韦贤及子玄成等传之。《齐论语》二十二篇，其二十篇中章句，颇多于《鲁论》。琅邪王卿及胶东庸生、昌邑中尉王吉皆以教授，故有《鲁论》，有《齐论》。鲁恭王（共王）[1]时，尝欲以孔子宅为宫，坏，得古文《论语》。《齐论》有《问王》《知道》，多于《鲁论》二篇，《古论》亦无此二篇，分《尧曰》下章"子张问"以为一篇，有两《子张》凡二十一篇，篇次不与齐、鲁《论》同。

　　安昌侯张禹，本受《鲁论》兼讲《齐》说，善者从之，号曰《张侯论》，为世所贵，苞氏（包咸）周氏章句出焉。

　　《古论》唯博士孔安国为之训解而世不传，至（东

---

[1]　引文中圆括号内容为作者所加，以下同。——编注

汉）顺帝时，南郡太守马融亦为之训说。汉末，大司农郑玄就《鲁论》篇章，考之《齐》《古》，为之注。近故司空陈群、太常王肃、博士周生烈皆为义说。前世（前汉）传授师说虽有异同不为训解，中间（东汉）为之训解，至于今（魏）多矣。所见不同互有得失。今集诸家之善记其姓名，有不安者，颇为改易，名曰《论语集解》。光禄大夫关内侯臣孙邕、光禄大夫臣郑冲、散骑常侍中领军安乡亭侯臣曹羲、侍中臣荀顗、尚书驸马都尉关内侯臣何晏等上。

由此可知，汉代《论语》有《鲁论》《齐论》《古论》三种文本。以《鲁论》为底本参考《齐论》点校而成《张侯论》，包咸、周氏又以此为底本作章句。而以《古论》为底本的注释本有孔安国注、马融注、郑玄注，最后还有魏人陈群注、王肃注、周生烈注，而何晏等人从中集孔安国、包咸、周氏、马融、郑玄、王肃、陈群、周生烈八家之说，不足之处再加入自己的见解。

《张侯论》的校定者张禹为河内轵人，字子文，初元年间经博士郑宽中推荐为太子教授《论语》，及太子即位为成帝，召赐关内侯，河平年间为丞相，封安昌侯，鸿嘉元年以老病乞骸骨，建平二年（公元前5年）薨。张禹初从夏侯建习《鲁论》，后又从庸生、王吉学《齐论》，兼收两论而作定本，但其篇章顺序从《鲁论》，因此世人皆称之为《张侯鲁论》。《汉书》本传记载，他为汉成帝讲授《论语》时著《论语章句》进献，《艺文志·论语类》中所收《鲁安昌侯说》廿一篇应为其《章句》的别名。本传亦云"始鲁扶卿及夏侯胜、王阳、萧望之、韦玄成皆说《论语》，篇第或异。禹先事王阳，后从庸生，采获所安，最后出而尊贵。……由是学者多从张氏，余家寝微"，记载了《张侯鲁论》当时流行于世的情况。其后，包咸、周氏为其作注解，分断章句。包咸字子良，会稽曲阿人，少时赴长安求学，及王莽篡得天下后归乡里，东汉光武帝即位后举孝廉，授郎中，建武年间为皇太子讲授《论语》作《章句》，永平八年（65年）七十一岁时卒，传记见于《后汉书·儒林传》。周氏的生平事迹完全不详。张禹之说、包咸的章句和周氏的章句如今都已散佚不传，其内容已不得而知，但熹平石经所刻《论语》为《张侯鲁论》，卷末附记《张侯论》与盍、毛、包、周的异同，据此可略知《张侯论》与包咸、周氏本的关系。熹平石经出自东汉灵帝熹平年间，博士蔡邕奉诏将经书正文刻石立于太学门外。该石经早已散佚，但至宋代发现残片，最近又发现零碎残石，虽不完整但也可一窥东汉末年经典之一斑。从这些残石中列出对应《论语》校记部分的五块残片如下，可一瞥《张侯论》与包咸、周氏本的关系。

虐不戒　　暴　　司●凡二

张盍毛

归厚包………言主●……盍………言黑●……贾诸

贾之哉包周………●盖肆乎其肆也□周□□

彻　●既……曰无矣………包言……且在封………

………●而在于萧墙之内盍毛包周无于　　□

乎周…………………言静

上面五片残石之中，第二石与第四石据其首行与汉石经《论语》最后一行的关系可定其位置，即"子张曰：'何谓四恶？'子曰：'不教而杀谓之虐；不戒视成谓之暴；慢令致期谓之贼；犹之与人也，出纳之吝谓之有司。'○凡二章"。第一石与第三石、第五石据其内容本身也自然可以判断位置。则：

一、由"张盍毛"三字下方有空行可推知这为校记标题，原文或为"张盍毛包周同异"等。

二、"归厚包"是举《学而》篇"曾子曰：'慎终追远，民德归厚矣'"的异文，其下或有"包周言馈"等。《先进》篇"咏而归"的"归"字，以及《阳货》篇"归孔子豚"的"归"字在郑本中均为"馈"字，郑本以周氏本为底本之事佐证此猜想。

三、"……言主"应为《八佾》篇"哀公问社于宰我"章的"社"字异文。陆氏《释文》有"社,郑本作'主'",而左氏《正义》中对文公二年《春秋》经中"作僖公主"进行解释云"《论语》'哀公问主于宰我'……《古论》及孔郑皆以为'社主'……张包周等并为'庙主'"。比较二者之后似可认为,《论语》正文原作"社",张侯将其解释为庙主,而包、周承袭此说最终改正文为"主"字,郑玄据周氏本保留"主"字但将之解释为田主。因此此条应缺失"问社,包周言主"。

四、"言黑"应是《述而》篇"子曰:'默而识之'"云云的"默"字异文。《释文》云"默,俗作嘿",但"默"也可作"黑"字的同音通假字。《广雅·释器》中"默,黑也"即其证明。此条应为"默,包周言黑"的缺文。

五、"贾诸贾之哉包周……"是《子罕》篇"求善贾而沽诸?子曰:'沽之哉!沽之哉!我待贾者也'"的"沽诸""沽之哉"的异文,"包周"之后应为"皆言沽"。"沽"字是"贾"的通假字。

六、"盖肆乎其肆也□周□□彻"为《颜渊》篇"哀公问于有若曰:'年饥,用不足,如之何?'有若对曰:'盍彻乎?'曰:'二,吾犹不足,如之何其彻也?'"的异义,"肆"为"彻"字的同音通假字。桓宽《盐铁论·取下》篇中"乐岁不盗,年饥则肆"之句即由《论语》此句而来,因此"肆"字为"彻"

字的通假字。《张侯鲁论》中作"肆"字，包、周本中作"彻"字。所以"□周□□彻"自然为"包周皆言彻"。

七、"既……曰无矣"或是《子路》篇中"冉有曰：'既庶矣，又何加焉？'曰：'富之。'曰：'既富矣，又何加焉？'曰：'教之'"的异文，结合《说苑·建本》篇中"子贡问政。孔子曰：'富之，既富，乃教之也'"，此条原应为"既庶矣，既富矣，盍毛周言，子贡曰无矣"。

八、"且在封"为《季氏》篇"夫颛臾，昔者先王以为东蒙主，且在邦域之中矣"的异文，"封"字今本作"邦"字，释文有"邦，或作封"，下文"动干戈于邦内"的"邦内"在郑本中作"封内"，因此此条原本应有"且在封域之中矣。封内，包周皆言邦"等。

九、"而在于萧墙之内，盍毛包周无于"为《季氏》篇的异文，无需多言。

十、"□乎周……"这一条未详，疑为《微子》篇"夫执车者为谁乎"的异文。《隶释》所收石经中作"谁子"，但"子"应是"乎"的讹字。已故湖南先生所藏旧抄《论语》以及根本氏所印皇疏本中仍作"谁乎"无误，则此条可能为"谁乎周无乎"的残存文字。

十一、"……言静"或为《微子》篇"隐居放言身中清"的异文。最近出土的石经中有对应此处的残片，依其可知汉石经的原文为"身中情"，但"情""静""清"三字同音通用。《广雅·释诂》云"情，静也"，《史记·五帝本纪》中"直哉维静絜"的"静"字在《尚书》中作"清"字等，均可作为这三字通用的例证。大约《张侯论》中作"情"字，包、周本中作"静"字，而现在的《论语》遵循《古论》改为"清"字。其下马注有"清，纯洁也"，可作为《古论》中写作"清"字的明证。因此校记中的这条或为"身中情，包周言静"的残存文字。

简而言之，现在我们虽无法看到《鲁论》和《齐论》的原形，但通过汉石经可以略窥以《鲁论》为根据并融合《齐论》的《张侯论》。一般说法认为包咸、周氏的《章句》承袭《张侯论》，但从汉石经后记可以判断它们略有出入，而包咸、周氏本则是其后问世的郑玄本之源流。

《鲁论》与《齐论》由张禹融合为一已如前述，到郑玄时《古论》也被融于其中。一般认为，《古论》有西汉孔安国所作的训说，东汉马融也作训说，但两书如今均已散佚不传，仅能从何晏《集解》中看到对孔、马之说的引用。但矛盾的是，何晏在序中明言孔安国的训说已不传世，在《集解》中又引用其训说。不仅如此，孔安国为《论语》作注解之事在《汉书·儒林传》和《汉书·艺文志》中均无记载，并且《集解》中所引孔安国注与司马迁《史记》中的《论语》解释不一致，而后者曾师从孔安国学习古文学。因此，近来已有考证学者怀疑孔安国注的真伪。最先对此提出疑问的是清人陈鳣，他在乾隆五十九年著《论语古训》，序中有云"孔注《古论》，据何晏《叙》，世既不传，《集解》所采说多不类，且与《说文解字》所称《论语》古文不合，反不如包氏章句之古，疑为后人假托"。其后沈涛著《论语孔注辨伪》指出孔注浅薄多谬，或为何晏伪作。再之后丁晏亦著《论语孔注证伪》，认为作伪者是王肃，刘氏《论语正义》也同意丁晏的说法，潘维城《论语古注集笺》亦删除孔注未予采用。要之，近来学界整体倾向于排斥孔注，因此古文《论语》注解只剩马融一家。

马融字季长，扶风茂陵人，永初四年（110）拜校书郎中，诣东观典校秘书，后兄丧归家，桓帝时成为南郡太守，延熹九年（166）八十八岁卒。他博学高才，据传门徒众多，常有千数，其中杰出者有涿郡卢植、北海郑玄。关于马融的《论语》注，皇侃认为是对《鲁论》的解释，而邢昺则认为是对《古论》的解释。马融的著作均为古文学，因此正确的应该是邢说。

郑玄是北海高密人，先师从京兆的第五元先学习今文学，后从东郡张恭祖学习古文学，又经涿郡卢植介绍拜马融为师，晚年归家专心著书立说，建安五年（200）七十四岁卒。其著述如《诗笺》《三礼》等均以古文经学为基础，兼采今文经学成一家之言。关于他的《论语》注十卷，何晏在《论语集解》序中说"郑玄就《鲁论》篇章，考之《齐》《古》，为之注焉"，《释文·叙录》也说"郑玄就《鲁论》张、包、周之篇章,考之《齐》《古》,为之注焉",则应是以《张侯鲁论》为基础,兼采《齐论》和《古论》而成。《释文》中又说"郑校周之本以《齐》《古》读正,凡五十事",各处可见郑玄的校语。试从《释文》中摘出此类校注如下:

《学而》"传不习乎",郑注云:《鲁》读"传"为"专",今从《古》。

《公冶长》"崔子",郑注云:《鲁》读"崔"为"高",今从《古》。

《述而》"无诲",《鲁》读为"悔",今从《古》。

《述而》"学易",《鲁》读"易"为"亦",今从《古》。

《述而》"正唯",《鲁》读"正"为"诚",今从《古》。

《述而》"坦荡荡",《鲁》读"坦荡"为"坦汤",今从《古》。

《子罕》"冕衣裳"郑本作"弁",《鲁》读"弁"为"緛",今从《古》,《乡党》篇亦然。

《乡党》"下如授",《鲁》读"下"为"趋",今从《古》。

《乡党》"瓜祭",《鲁》读"瓜"为"必",今从《古》。

《乡党》"乡人傩",《鲁》读为"献",今从《古》。

《乡党》"赐生",《鲁》读"生"为"牲",今从《古》。

《乡党》"车中不内顾",《鲁》读"车中内顾",今从《古》也。

《先进》"仍旧贯",《鲁》读"仍"为"仁",今从《古》。

《先进》"咏而归",郑本作"馈"。馈,酒食也,《鲁》读"馈"

为"归"，今从《古》。

《颜渊》"折狱"，《鲁》读"折"为"制"，今从《古》。

《卫灵公》"小慧"，《鲁》读"慧"为"惠"，今从《古》。

《季氏》"谓之躁"，《鲁》读"躁"为"傲"，今从《古》。

《阳货》"归孔子豚"，郑本作"馈"，《鲁》读"馈"为"归"，今从《古》。

《阳货》"古之矜也廉"，《鲁》读"廉"为"贬"，今从《古》。

《阳货》"天何言哉"，《鲁》读"天"为"夫"，今从《古》。

《阳货》"果敢而窒者"，《鲁》读"窒"为"室"，今从《古》。

《微子》"已而已而，今之从政者殆而"，《鲁》读"斯斯已矣，今之从政者殆"，今从《古》。

《尧曰》"孔子曰：'不知命，无以为君子也'"，《鲁论》无此章，今从《古》。

《释文》中所列郑玄的读正仅上述二十四条，为何尚不到"读正五十事"的一半？这应该是今本《释文》有所缺失，或者是陆氏所据郑本已不完全。最近坂本良太郎学士从京都府立图书馆所藏正平板《论语》的批点中发现一条《释文》逸文：

《先进》"子羔为费宰"，《鲁》读"费"为"鄪"，今从《古》。

这明显是现行本中没有的，则现在的《释文》中应该还有这样的缺失。但在《学而》"传不习乎"这句之下，《释文》举郑玄读正之注后又说"郑本或无此注，然《皇览》引《鲁》

读六事，则无者非也，后皆放此"，可推知郑本中似乎完全删除此种读正或仅注一部分，也许陆氏所见版本中也并没有悉数记载"五十事"。多年前橘瑞超氏随西本愿寺法主中亚探险带回来的郑注《论语》残片（《子路》篇末及《宪问》篇首），以及归中村不折翁所有的敦煌旧抄本郑注《论语·颜渊》篇后半部分没有发现读正记述。法国人伯希和获得的郑注《论语》（《述而》至《乡党》共四篇）中有三条读正的注，其中仅一条与上文所列相合，余下两条未被《释文》引用：

《子罕》"弁衣裳"，《鲁》读"弁"为"緫"，今从《古》。

《子罕》"沽之哉！沽之哉！"，《鲁》读"沽之哉"不重，今从《古》也。

《子罕》"不为酒困"，《鲁》读"困"为"魁"，今从《古》。

以上三条均出自《子罕》篇，第一条见于《释文》中，后两条为全新资料。因此综合上举诸条可知有二十七条读正，剩余二十多条无法获知详情。但比较《释文》和汉石经的残字，也可猜想一二。试摘出可供想象郑本读正的诸条如下：

一、《学而》"抑与之与"，汉石经"抑与"作"意予"，《集解》本郑注解作"抑与"。

二、《为政》"众星共之"，《释义》"郑作'拱'，拱于也。"

三、《为政》"先生馔"，《释文》"郑作'馂'"。按："馂"乃"馔"之古文。

四、《八佾》"哀公问社"，《释文》"郑本作主，云主田主，谓社主。"按：包、周本作"主"，以为"庙主"，郑本解"主"为"社主"。

五、《里仁》"适莫"，《释文》"适，郑本作'敌'。莫，郑音'慕'。"按：《礼记·杂记》郑注，"适"读为匹敌之"敌"，"适""敌"相通也。

六、《公冶长》"千乘赋"，《释文》"孔云'兵赋也'，郑云'军赋'，梁武云《鲁论》作'传'"。

七、《公冶长》"申枨"，《释文》"包云'鲁人也'，郑云'盖孔子弟子申续'"。按：此处据古文弟子目录读正。

八、《雍也》"费宰"，《先进》篇"使子羔为费宰"后的《释文》异文有"《鲁》读'费'为'鄪'，今从《古》"（前文已述），则此条"费"字应据古文读正。

九、《雍也》"予所否者"，《释文》"郑、缪方有反，不也。王弼、李充备鄙反"。按：《论衡·问孔》篇引"否"作"鄙"，则《鲁论》、郑本或据古论读正。

十、《述而》"燕居"，《释文》"郑本作宴"。按：宴，"燕"之古文。

十一、《述而》"齐战疾"，《释文》"齐，本或作'斋'"。按：敦煌出土郑注《论语》作"斋"，合《释文》。《乡党》篇"齐必有明衣"及"齐必变食"中的"齐"亦同。

十二、《泰伯》"悾悾"，《集解》本如是，包注"悾悾，慤慤也"，敦煌出土郑本作"空空"，注云"空空，信慤之貌也"。《子罕》篇"空空如也"之下的郑注亦作此。

十三、《泰伯》"舜禹之有天下也而不与焉"，《白虎通·圣人》篇"与"作"预"，此为《鲁论》。敦煌郑注本作"与"，此为古文。

十四、《子罕》"今也纯俭"，敦煌出土郑注云"'纯'当为'缁'，古之'缁'字以才为声"，《礼记·玉藻》郑注"'纯'当为'缁'，古文'缁'字或作糸旁才"，《周礼·媒氏》郑注"纯，实缁衣也，古缁以才为声"，疏云"缁以糸为形，才为声，故误为纯字"。按：此条，郑以"纯"为"缁"的古文"纠"之错字，读正为"缁"，故《释文》有"郑侧基反"。

十五、《子罕》"巽与之言"，敦煌郑本"巽"作"选"，注云"'选'读为'诠'，诠言之善也"。按：《先进》篇"三子者之撰"下，《释文》有"郑作'僎'，读为'诠'。诠之言善也"，与此注相应。读"巽""选"为"诠"，亦读正之例。

十六、《乡党》"执圭鞠躬如也"，包氏曰"鞠躬者，敬慎之至也"，此《鲁论》。敦煌郑本"圭"作"珪"，"躬"作"穷"，同《仪礼·聘礼》注引文，此《古论》。

十七、《先进》"康子问"，《释文》"郑本作'季康子'"。

十八、《先进》"母吾以也"，《释本》"郑本'以'作'已'"。

十九、《先进》"饑馑"，《释文》"郑本作'饥'"。按：《颜渊》篇"年饑"之"饑"字,郑本亦作"饥"。

二十《先进》"盍彻",汉石经作"盖肆",敦煌郑本作"彻"。"肆""彻"古音相同而通用。

二十一、《子路》"子之迂也",《释文》"迂"音"于",包云"远也",郑本作"于,枉也"。

二十二、《子路》"直躬",《释文》"郑本直弓",注云"直人名弓"。

二十三、《宪问》"子贡方人",《释文》"郑本'方'作'谤'"。

二十四《宪问》"谅阴三年",《释文》"郑读《礼》为'梁鷼'"。按:《礼记·丧服四制》"谅闇,三年不言",注"谅"古作"梁","闇"读如"鷼",谓卢也,则郑读"谅阴"为"梁鷼",为据古文之读正。

二十五、《卫灵公》"绝粮",《释文》"郑本作'粻',音'张'",《尔雅·释言》"粻,糧也"。

二十六、《卫灵公》"子曰:'父在观其志,父没观其行'",《释文》《集解》无此章,郑本有,云"古皆无此章"。按:《学而》篇亦有此十二字,其后又增"三年无改于父之道,可谓孝矣"十二字。《释文》此处后半部分也出现在《里仁》篇中,又结合"此章与《学而》篇同,当是重出,《学而》篇是孔注,此是郑注本",则此章见于包、周本,且被郑本沿袭,但并不见于《古论》。这一点值得注意。

二十七《阳货》"涅而不缁"，《史记》《汉书》以及《隶释》所载汉碑引此文皆作"泥而不滓"，此处《鲁论》、今本均作"涅而不缁"，则后者应为古文。

二十八、《阳货》"恶徼以为知者"，《释文》"'徼'郑本作'绞'"。陈鱣云"（《泰伯》篇）直而无礼则绞，马曰：'绞，绞刺也。'"

二十九《微子》"齐人归女乐"，《释文》"郑'归'作'馈'"。按：此处与《先进》篇"咏而馈"，《阳货》篇"馈孔子豚"的"馈"字同例，其后定有注"《鲁》读'馈'为'归'，今从古"。

三十、《微子》"滔滔者，天下皆是也"，《释文》"郑本作'悠悠'"，陈鱣云"（《孔子世家》）悠悠者，天下皆是也"。此知郑与《古论》同也。

三十一、《微子》"废中权"，《释文》"郑'废'作'发'，注云动也"，按：马融云"遭世乱，自废弃以免患，合于权也"。知此处《古论》作"废"，郑本"废"作"发"，则此条郑从包、周本而未从《古论》。

以上列出郑本的特异之处，其中至少一半是郑玄据《古论》读正的记述。因此将前面列举的读正之例二十七条，加此处的十多条，可得四十几条读正之例。这些读正记述均为据《古论》校读《鲁论》，未明见据《齐论》的记述，似与《释文》中"郑校周之本以《齐》《古》读正，凡五十事"的记录不完全一致。但周氏本既是兼采齐、鲁的《张侯论》之文本，在

此之上可据《齐论》再次读正的地方即便有也应极少，因此
郑玄的读正大体是关于《古论》的。按此解释，再查阅敦煌
出土的郑注本就明白，每篇题下署"孔氏本　郑氏注"自有道理。
即郑注本虽根据包、周本，遵循《鲁论》的篇章顺序，但正
文大部分据孔氏古文读正，从内容上看理当称作"孔氏本"。
因此我们可知，张禹参《齐论》校《鲁论》，其后郑玄又依《古
论》校定由齐、鲁《论》对校而来的《张侯论》，至此三论的
异同归而为一。郑玄《论语注》十卷在校定《论语》经本上
功绩实大，若此书完整存世，应是《论语》研究的起点书目，
但它不幸已散而不传，仅能从清儒惠栋、陈鳣、王谟、马国
翰、孔广森、臧庸、丁杰、宋翔凤等人的辑佚本中联想一二。
不过近来因法人伯希和博士的中亚探险，敦煌秘籍得以重见
天日，龙纪二年（890）的抄本残篇（自《述而》"执鞭之士"
至《乡党》篇末），及归中村不折翁所有的《颜渊》篇残本（"哀
公问于有若"至篇末），以及西本愿寺大谷光瑞伯爵所藏《子路》
篇末《宪问》篇首的残片出土之后，我们得以窥见千百年前《论
语》的真面目，实乃学界之幸事。

　　郑注本成书后，经本校订的工作至此告一段落，其后出现
的只是注解释义的著作。魏人陈群、周生烈、王肃等为代表
性人物，何晏将他们的注解与包咸、周氏、马融、郑玄等汉

儒注解一并收集而作《论语集解》。

陈群，字长文，颍川许昌人，魏太祖征为司空西曹掾属，文帝时迁尚书仆射，明帝时进封淮阴侯官，拜司空，青龙四年（236）卒。他的《论语义说》早已散佚，如今仅存三条见于何晏《集解》中。三条之中，一条为"季路问事鬼神"的注，与被《世说新语》注所引马融注相同，由此可以想象，陈群的注解应为广采先儒之说而成，自说较少。

周生烈，字文逢，一作文逸，魏博士、侍中。其著述除《论语》注解外还有《周生烈子》一卷，但均已散佚，仅余何晏《集解》中的十四条注解。

比上述两人更值得注意的是王肃。王肃，字子雍，东海兰陵人，魏黄初年间（220—226）为散骑黄门侍郎，甘露元年（256）任中领军加散骑常侍时去世，追赠卫将军，谥景侯。其父王朗是东汉末年传杨赐之今文家学的学者，至王肃，又研究贾逵、马融之古文学以求融合。折中古、今文学之风始于西汉郑玄，但王肃不喜郑玄之学，郑玄采今文说之处他采古文说，采古文说之处他采今文说，处处与郑玄作对而创立自家之学。具体来说，他先整理其父王朗所作《易传》，又为《书》《诗》《三礼》《左氏》《论语》等作注解与郑学对抗，还著《圣证论》十二卷从正面反驳郑学。于是奉郑学的马昭予以反驳，王学之徒孔晁又予以回应，博士张融亦评判此事，一时成为学界争论的中心。所谓"圣证论"，即以圣人之言证论郑学之非，书中所引圣人之言悉据《孔子家语》。清朝考证学者已证明《孔子家语》为王肃伪撰以便论证自家学说，故王肃之学有其欺瞒之处。

王肃关于《书》还著有《尚书注》十一卷以及《尚书驳义》五卷，但今已不存。不过辑佚并比对，知现在的《尚书孔传》与王肃义近似。所谓《尚书孔传》始出于东晋梅赜献书，清初考证学家阎若璩据此断定为梅赜伪撰，其后丁晏又举证在梅赜之前此书已流行于世，并指出其传义多与王肃义相似，认为是王肃伪作。王肃关于《论语》也著有《论语注》十卷及《论语释驳》三卷，丁晏也认为其注义与现在何晏《集解》中所引孔安国有关，断定《论语》孔安国注亦为王肃伪造。结合《尚书孔传》与《论语孔注》之书名均始出于《孔子家语》的序文中，则丁晏的看法应该无误，只是我们并无确证。据《隋书·经籍志》记载，《梁录》中有"《尚书义问》三卷"，注为郑玄、王肃及孔晁撰，而《新唐书·艺文志》对此记载为"王肃《孔安国问答》三卷"。综合这两点来看，孔晁与孔安国似乎为同一人。"晁"字为"朝"字的古文，"朝"是管理国家政治的厅舍，本身亦有"安国"之义。古人的字多取与本名有所关联的文字，"安国"或许便是孔晁的字。孔晁自然是王肃门下弟子，晋泰始初年（265）任五经博士，约为西汉孔安国三百五十年之后的人，但两人名字相同而容易混淆，可能《尚书孔传》与《论语孔注》均是孔晁之作却误归为西汉孔安国之作。当然这不过是猜想，但如此想来就可以解释《尚书孔传》与王肃义相符之事，同时也可以合理解释为何《论语集解》的序中说孔安国的训说不传于世，但又在正文中多处引孔安国注。

要而言之，王肃注义与郑玄注水火不容，《论语孔注》又与王肃渊源颇深，自然也无法与郑玄相容。因此，何晏《集解》将互不相容的八家注融合杂糅，可以说参差驳杂，打破家法之界。包咸是以《张禹鲁论》为基础的今文学家，马融为古文学家，而郑玄则是融合今古的集大成者。王肃在融合今古这点上与郑玄相似，但他激烈反对郑玄而强词求胜，实难并论。孔安国被称为汉代经学之祖，但《论语孔注》仅有王肃一家的说明，不足为取。因此，若要从事《论语》研究，必以包咸、马融以及郑玄注为标准文献而出发。

但包咸、马融注本今已散而不传，郑注所存也仅占全书五分之一二。因此，欲读《论语》只能从何晏的《集解》本入手。何晏的《集解》有两种不同版本。第一种属于中国版本系统，第二种属于日本古抄本系统。中国版本无论是经注本还是注疏本均为同一系统，其经文均源自唐开成石经，注文仅署注解者姓氏如"孔云""马云"等。而日本古写本为古代遣唐使带回之本转写而成，经文与唐石经相比助字更多，注文的特征是标明注解者姓名如"孔安国曰""郑玄曰"等。比较两种文本，则各有长短，无法评断孰优孰劣。因此若要读何晏的《集解》，须先从对比校勘两种经本开始。我在翻译岩波文库《论语》时，将日本古写本中最权威的清家证本与唐开成石经进行比对来阐明两者各自的特征，因此本书也以其为参考文献。

三 何晏《集解》的疏释

接下来对何晏的《集解》进行疏解的有梁人皇侃《义疏》与宋人邢昺《正义》。皇侃，吴郡人，皇象九世之孙，少时师从会稽贺场修经学，长于《三礼》《孝经》《论语》，后为员外散骑侍郎兼国子助教，梁大同十一年（545）五十八岁去世。其著作有《礼记义疏》五十卷、《礼记讲疏》一百卷（《日本见在书目录》记为"《礼记子本义疏》百卷"），以及《论语义疏》十卷等。《论语义疏》在中国似流传至北宋年间，其后的目录类图书中不载其名，大约在南宋时散佚。幸而我国自平安朝以来广为抄写诵读，名家旧刹所藏室町时代的写本达十余部。宽延三年（1750）根本伯修听从其师荻生徂徕的意见，将保存在下野足利学校的写本校定后付梓。于是此书广为流传，恰逢钱塘商人汪翼沧将其引入中国,后收入《四库全书》之中,由武英殿翻刻,后又收入鲍廷博的《知不足斋丛书》,受到中国学者推崇。不过根本氏用作底本的足利写本是我国大永年间的抄本,不能说是善本,且他在校订出版之时仿效明刊注疏样式而改变旧体,因此彼岸学者曾生疑义,甚至有人认为其为足利伪作,但大正十二年大阪怀德堂校定本出版之后,这些疑问烟消云散。据此书卷首所载的皇侃自序,它主要以晋人江熙的集解为本,征引卫瓘、缪播、栾肇、郭象、蔡谟、袁宏、江淳、蔡系、李充、孙绰、周怀、范宁、王眠十三家之说,又参酌王弼、顾欢、沈驎士、颜延之等二十余家之说,疏解说明何晏《集解》。它广采魏晋以来经学家之学说,魏晋经学之一线能传于今世,可以说实受惠于此书。但它难免有内容驳杂不一的缺点,而对其进行梳理的即宋人邢昺的《正义》。

邢昺,字叔明,曹州济阴人,太平兴国初年举五经廷试,后官至礼部尚书,大中祥符三年(1008)七十九岁时病逝,著述有《论语正义》《孝经正义》《尔雅义疏》等。北宋太宗在至道二年(996)命李沆、杜镐等人校定《周礼》《仪礼》《穀梁传》的注疏,又命作《孝经》《论语》的正义,咸平二年(999)敕邢昺领此事。于是杜镐等人取《周礼》《仪礼》《公羊》《穀梁》旧疏而校订,《孝经》则改修唐人元行冲的注疏,《论语》则删略梁人皇侃的《义疏》,咸平四年九月书成,十月奉命于杭州刻板。《正义》删去皇侃《义疏》的芜杂之处并加以修订，质量确实有明显提高。邢昺的《正义》出而皇《疏》散佚，也诚有其道理。《中兴书目》及《宋史·艺文志》并云邢昺《正义》为十卷本，则其最初似为单疏本，但现存本均是将《正义》与经疏合刻的注疏本样式，分为二十卷。不过元朝元贞二年（1296，丙申年）平阳府梁宅刻本为十卷本，保存了单疏本的分卷。平阳即金朝的平水，元太宗八年（1236）用耶律楚材言在此设立经籍所。因此当时此地典籍出版应很繁盛，据传现在的《政和证类本草》《明堂灸经》《铜人针灸经》《平水韵略》等书籍均刻板于此，《论语正义》亦为其中之一。此本原系我邦藏书家养安书院旧藏，后为杨守敬购入，由刘世珩景刻，据其跋文知"此本虽刊于元代，必根源于单疏。……至于版口精雅，直追北宋"。另外，尾州德川侯爵所藏本中有元贞《论语纂图》《释文音义》一册，其样式与元贞本《论语正义》完全一致。结合《纂图》后有"元贞丙申平水梁宅印"牌记，《释文音义》后有"平阳府梁宅刊行"牌记，可推知这原为合本后拆分，刘氏景刻本尚缺卷首《纂图》《音释》。此事暂且按下不表，《论语正义》一般用汲古阁本或阮元校勘本，但刘氏景刻本可补阮元校勘遗漏之处，故附记于此。

邢昺的《正义》比之皇侃的《义疏》确实为更得要领的注疏，但其内容上除删去皇侃繁杂之处外并无创新。在内容上推陈出新还要等到清朝学者的考证。清朝考证不胜枚举，集大成者当属刘宝楠的《论语正义》与潘维城的《论语古注集笺》。

刘宝楠，字楚桢，号念楼，江苏宝应人。父履恂为乾隆五十一年举人，著有《秋槎杂记》。叔父台拱，字端临，著有《论语骈枝》一卷及《经传小记》三卷等，已受学界重视。宝楠于道光八年约友人刘文淇、梅植之、包慎言、柳兴恩、陈立等人各治一经，作成新疏，自己则负责《论语》。于是他抛却诸事专心治《论语》，先收集数十巨册材料，欲整理之后作《论语正义》，但尚未完成已觉精力之衰，便嘱其子续成此业。恭冕，字叔俛，初治《毛诗》欲作撰述，后承父命专心整理其著述，至同治五年终于付梓。从开始至完书历时三十八年，费父子两代人之精力，实乃学林之佳话。

潘维城，江苏吴县人，少时师从同乡夏文焘，及长又师从元和人李锐。夏文焘与李锐均为钱大昕高徒，因此潘维城为钱大昕的再传弟子。他认为，《论语》的何晏《集解》杂采古、今文学家之说，但其学问毫无师法。即马融与王肃持古文说，张禹、包咸是今文家，孔安国应为融合古、今文学之祖但其注已散佚，何晏所采为后人伪注，郑玄真正兼通今古但《集解》中所采甚少，郑注散佚而伪孔注留存实为何晏之罪。何晏为皇侃《义疏》及邢昺《正义》加注疏而未重视郑玄，可以说实无识见。因此他从何晏《集解》中删去孔注、何注，代之以陈鳣、宋翔凤、臧庸等人辑佚的郑注，并加笺释。他的原稿或列简端，或存条记，未被整理，死后经二十余年，至同治十一年（1872）终由其子潘锡爵整理完成，又至光绪七年（1881）由吴元炳上梓。今比较刘、潘两家之书，刘氏以精密见长，而潘氏则以博通见长。

以上为何晏《集解》本衍生而来的疏释类之中代表性著述，与之相对，另有一类注释是朱子《集注》及其疏释。

四　朱子《集注》及其疏释

朱子，名熹，字元晦，号晦庵，南宋大儒，著述颇丰，其中最有名的当属《四书集注》。据《年谱》记载，朱子于隆兴元年（1163）三十四岁时著《论语要义》与《论语训蒙口义》二书。此二书已散佚不传，幸而序文尚存于《文集》之中，可凭之想象其大致原貌。前书序中说，古老的《论语》注释有魏人何晏《集解》、梁人皇侃《义疏》、宋人邢昺《正义》，对训诂名物的说明很详细，但经书大义不明。至宋朝，河南二程子起孟子以来不传之学，常以《论语》教导人。自己也在十三四岁时，从父亲那里学习了这一学说，后来集诸家之说撰成一书，但古人之说矛盾众多，不得要领，因此隆兴元年与一二友人删定，名为《论语要义》，若想知文义名物之详，当求之注疏，但若其要义，则此处有一二。（原文见《朱子文集》卷七十五）后书序言说，《训蒙口义》是在完成《要义》之后为初学者编纂的书，初学者要先依照注疏通训诂，依照释文正音韵，而后集诸先辈之说而明要义。依此来看，朱子在三十四岁时就已作《论语》相关著述两部，乾道八年（1172）四十三岁时又著《论孟精义》。《精义》三十四卷收二程子、张子、范祖禹、吕希哲、吕大临、谢良佐、游酢、杨时、侯仲良、尹焞、周孚先等北宋名儒十二家之说，序文中说他修订《论语要义》并改题为《论语精义》，并新增补《孟子精义》，最初于建阳付梓，后至淳熙七年又修订改名为《语孟要义》于南康县学出版，不过现在《朱子遗书》中的版本仍为旧题，叫作《论孟精义》。《论孟精义》书成五年后的淳熙四年，他又著《论孟集注》与《或问》。《集注》取《精义》之要，《或问》则设问答以明取舍之意。因此朱子的《论语集注》起自他三十四岁时著《论语要义》，其后经十四年努力至四十八岁时完成。他自己说"此书，某自三十岁便下功夫，到今改犹未了"（《语类》十九），长尾雨山翁于燕京入手的《论语集注》残稿，以及上野精一氏所藏同本残稿中可见改订痕迹，则知完书后他仍改定不怠，此书是朱子倾注心血最多的著作。援引二程子以降北宋大儒之说以致力于阐明义理，可以说是此书的特征。此后为朱子注作疏解的著述层出不穷，如黄榦《论语通释》、金履祥《论孟集注考证》、赵顺孙《四书纂疏》、吴真子《四书集成》、陈栎《四书发明》、胡炳文《四书通》等。最后陈栎门人倪士毅又将陈、胡两氏之书合编为《四书辑释》，明永乐年间儒臣奉命编《四书大全》，其内容不过是对倪氏辑释稍加删补（顾炎武《日知录》十八）。《四书大全》可视为朱子《集注》的注疏，但其内容重义理而轻训诂，待清朝考证学风靡一世之后便几乎无人问津了。因此有必要用清儒的训诂学来修正朱子《集注》，于是黄式三《论语后案》以及简朝亮《论语集注述疏》这样的著作就应运而生。

简而言之，《论语》注释书甚多，有代表性的是何晏《集解》与朱子《集注》，以前者为基础的注疏有皇侃《义疏》、邢昺《正义》、刘宝楠《正义》及潘维城《古注集笺》，而可视作为后者作疏解的有永乐《论语大全》以及简朝亮《集注述疏》。总体上对《论语》的注释可分为这两个系统。

五　日本的论语研究

《论语》传入日本据传是在应神天皇十六年（258），但当时传入的《论语》是何种版本尚不清楚。《养老令·学令》明经道的课目中出现了"论语郑玄何晏注"，可知奈良朝时代有郑玄、何晏二注行世。翻阅之后的平安朝初期编纂的《日本见在书目录》，其中记载有《论语郑玄注》十卷、何晏《集解》十卷、陆善经注六卷、皇侃《义疏》十卷、褚仲都疏十卷、无名氏《论语》六卷、无名氏《论语音》一卷等，说明当时已有多种注释本传入日本。不过从现存《论语》古抄本均是由皇侃《义疏》训读何晏《集解》本来看，我们可以认为镰仓时代以前我国的《论语》学问仅为通过皇侃读何晏《集解》的程度。

到镰仓时代末期，随着禅僧往来愈加频繁，自然不难想象朱子《集注》在某个时间传到日本。特别是《神皇正统记》明确记载后醍醐天皇天性好学，兼通和汉之道，甚至常召本朝异朝僧徒入宫，《花园院御记》中可见：

元应元年闰七月廿二日甲辰，今夜（日野）资朝、（菅原）公时等，于御堂殿上局谈《论语》，僧等济济交之，朕窃立闻之，玄惠僧都义诚达道欺欤。

又一条兼良的《尺素往来》中云：

近代独晴轩玄惠法印，宋朝濂洛之义为正，开讲席于朝廷以来，程朱二公之新释可为肝心候也。

结合《大日本史》中"后醍醐天皇召玄慧侍读，先是经筵专用汉唐注疏，至是玄慧始唱程朱之说"等记载，则朱子的《论语集注》在日本流传应始于芳野朝时代。

室町时代儒学大宗是业忠与宣贤。前者卒于应永元年（1394），得年五十八岁，后者卒于天文十九年（1550），得年七十六岁。两人均承袭明经道清原家之学，清家历来从古注教授经书，但业忠的弟子天隐龙泽所著《论语闻书》，以及记录宣贤之说的《论语听尘》均已折中朱子的《集注》。世袭明经道家学的清家学者都已折中地吸收朱子学，则一般人自然也会涌入滔滔新学潮流之中。至德川家康起用林罗山振作文教，朱子学最终在幕府教学之中占据支配性地位，家家户户都开始诵读道春点校的四书。

若比较古注的何晏《集解》与新注的朱子《集注》，前者自始至终从训诂学角度解释经文，而后者则从理论上考究儒教之精神，此为二者不同之处。因此，废古注采新注，则偏重于义理阐释的倾向自然渐强，当然也会产生新的学说。于是到德川中期元禄、享保年间，日本出现了中国都未曾有过的对《论语》的特有注解。仁斋的《论语古义》及徂徕门下山井昆仑的《七经孟子考文》是其代表性著作。

仁斋，姓伊藤，京都堀川人，初治程朱之学，至中年对此产生怀疑而树立自家学说,称为古学派。他的学说尊《论语》为宇宙第一书,致力于据此阐明孔夫子的奥义,其名著《论语古义》中记载着仁斋一派的独特见解。据仁斋所言,传《论语》二十篇分为上论和下论,编纂者应该是先编纂上论十篇,隔几年后再续编下论十篇,如文集中正集、续集一般。可以这样说的理由在于,第一,性质上应列于最末的《乡党》篇在上论结尾处,以其为界可区分上下篇;第二,从内容文体上来看,上论与下论差异甚大。太宰春台在《论语古训外传》中列举了更为详细的理由来支持仁斋的说法。春台所举的理由如下所示:

一、上论文章简洁,而下论文章详密。

二、下论中多分条说明之例,如三友、三乐、六言、六蔽,但上论中除"子曰有君子之道四焉"章以外,无此类例子。

三、上论《乡党》篇以外,不记载非孔子及门人之言,但下论中有些章既非孔子之言,也非门下弟子所言。

四、上论除《乡党》篇以外无描写孔子举动之处,而下论时而出现。

五、下论《季氏》篇每章均以"孔子曰"开始,而上论中无此例。

六、下论《子张》篇仅有门下弟子之言而无孔子之语。此类例子却绝不见于上论。

七、上论篇名取自篇头"子曰"之后的二、三字，而下论多直接以篇头文字为篇名。

八、上论中孔门以外的人评论孔子之语仅有三章，而下论则有九章。

以上为上、下两论主要的特点，但细细论起来，章句字法不同之处也颇多。春台认为，这些证据表明上论与下论的修订者不同，上论或成于琴牢之手，下论或系原宪的笔记之物。断言记录者为琴牢、原宪尚为时过早，但认为上、下论由不同人编辑确实可以说是精妙洞见。中国学者将经书视为圣物故难以批判，而我国仁斋、春台进行此等历史批判，为《论语》打开了新局面，实在值得大书特书。

徂徕，姓荻生，江户人，初治朱子学而后提倡古文辞学，立一家之见。翻阅其名著《论语征》，会发现徂徕广泛涉猎先秦古书，收集古文用例，致力于从语言学上研究古典，确实领先于时代潮流。但中国学者即清朝考据学者在这种治学方法上也毫不逊色，所以并非他一枝独秀。不过，他很早就提醒过古书中谬误颇多，并且发现我国古抄本系源自奈良、平安时代遣唐使等携回古本，以此为底本可校正彼岸版本的谬误，于是命门下弟子山井昆仑校勘足利学校秘藏古抄本及旧版本。山井昆仑远赴足利，历时三年校勘《易》《书》《诗》《礼》《春秋》《孝经》《论语》七经及《孟子》，著成名作《七经孟子考

文》，上献幕府。当时的将军吉宗大喜，下令将其中一部送至
中国，在中国果然引起很大反响。此书脱稿于享保十一年即
清世宗雍正四年（1726），其后物观补遗并付梓是在享保十五
年即雍正八年。《七经孟子考文》还被收入高宗乾隆三十八年
至四十七年（1773—1782）历时十年纂修的《四库全书》之中，
至仁宗嘉庆二年（1797）经浙江学政阮元翻刻，在彼岸学者
之中广受欢迎。其原因是彼岸抄本的源流均为晚唐开成石经，
多有谬误，但此书中所引古抄本以唐代以前古本为底本，可
正彼岸流传抄本之误。阮元翻刻此书后还广集中国古本，仿
效山井《考文》的样式著《十三经校勘记》，校勘学这门学问
便由此发轫。所谓校勘学是指先校订古典文本，以奠定考据
学基础的治学方法，若寻本溯源会发现其与山井昆仑《七经
孟子考文》有很深渊源，这也是我国学问反哺中国的一个事例，
可谓不朽功绩。

不仅限于《论语》，所有古典研究均需两项基础性研究。
第一为通过校勘学获得正确文本，第二为查明该书来历进行
严密的文本批判。《论语》的校勘学与文本批判起于我国先
儒。清朝考据学者很快引入校勘学，并在此基础上建立精致
的训诂之学，但对书籍的文本批判尚未完全得到采纳及发展。
当然众多的考据家中也有如崔述这样的批判型学者，但中国

学者将经书视为圣物，不敢轻易批判。因此，尽管校勘学被引入中国，奠定训诂学基础，但文本批判却并未被予以同样的重视。这实为清朝考据学的一个缺陷。我在这本小著中也想弥补这一缺陷，因此对《论语》进行分析批判并推断各部分成立年代，希望能借此探明儒教的原本面目及其发展轨迹。但我才疏学浅，此志能实现多少连我自己也没把握。如能得读者诸贤叱正，实乃幸事。

第一章

《论语》异本及其校勘

一 中国的标准文本——开成石经

　　如序章略述，清朝校勘学是受我国山井昆仑《七经孟子考文》的刺激而形成。但这并不意味着在此之前中国完全不存在校勘学。在东汉名儒蔡邕等人书丹而刻成的《熹平石经》后记中，就已比校经本异同。到唐代陆德明的《经典释文》又列举出北朝经典与南朝经典的异同并予以批判。这些显然开创了校勘学的先河。但宋明两代的性理学一味重阐释义理，不喜文献比较这种细致研究。在此背景之下，校勘学未能繁荣起来也是理所当然。但到清朝之后，潮流一转，学者们开始不驰于空想义理而提倡实事求是。而山井昆仑《七经孟子考文》正是在这种学术潮流转换期传入中国的。无需多言，中国是社会变革剧烈的国家，古代文献所存不多，学者能看到的都是宋元以后的版本。与此相反，日本保存着李唐旧抄本，博士家传古本也不少。《七经孟子考文》所引诸本均为我国下野足利学校秘藏古抄本、旧版本，彼岸学者必定深感震惊。在此为说明当时的情况试举出一二实例。

仁和人翟灏为清初学者，是有名的《四书考异》的撰者，在该书中有如下记载：

> 《七经孟子考文》四十卷，日本国西条掌书记山井鼎辑，享保十五年庚戌东都讲官物观补遗。
>
> 按：其书就《易》《诗》《书》《礼记》《春秋》《左传》《论语》七经，配以《孟子》，以中华版注疏为本，旁取彼国旧藏写印诸本，较其异同详略，补其阙蚀……所题享保十五年，是彼国年号（当于清雍正八年）。……愚于乾隆辛巳二十六年从董浦杭（世骏）先生，向小粉场汪（启叔）氏借阅此书，知彼国尚有皇侃义疏，语于杭。杭初不深信，反覆谛观，乃相与东望太息。逡巡十年，众友互相传说，武林汪君鹏航海至日本国，竟购得以归，上遗书局。长塘鲍君廷博椠其副于《知不足斋丛书》中，以初樆一本见馈，不啻获珍珠船也。随以与《考文》所云古本文校，什八相合耳。（《四书考异·总考三十二》）

由此可想象到他当时吃惊的样子。后至乾隆三十四年，翟氏捃摭异文，撰《四书考异》想必也是从《考文》所受的刺激。

阮元在京师时就已经注意到《考文》的写本，后到浙江赴任时将扬州江氏读书楼所藏日本刊本借出并带至杭州，与各经本比较之后发现差异颇多，于是在嘉庆二年（1797）命人翻刻后流传于世。他又命诸生仿山井氏体例编纂《十三经校勘记》二百四十余卷，后于嘉庆二十年在南昌府学出版《十三经注疏》之际节录《校勘记》。阮元的《校勘记》可以说是清朝校勘学的代表作，对经学的发展贡献很大，这也是受到《考文》的影响。

据《论语》校勘记开头罗列所引书目，阮元比较以下九种而撰《校勘记》：

一、汉石经十卷。据洪适《隶释》所载石刻残字。

二、唐石经十卷。唐开成时石刻本。

三、宋石经。宋绍兴时石刻本。

四、皇侃《义疏》十卷。日本宽延庚午根本逊志校正付刻。

五、高丽本。据海宁陈鳣《论语古训》本所引。

六、十行本二十卷。每叶二十行，每行二十三字，宋刻，元明递有补修。

七、闵本二十卷。明嘉靖年间闵中李元阳校刊，每叶十八行，每行二十一字。

八、北监本。明万历十四年北京国子监刊。

九、毛本。明崇祯间汲古阁毛晋校刊。

其中，六、七、八、九四种为中国出版的注疏本，并不珍奇，日本还有更好的宋版八行本注疏藏于宫内省图书寮，杨守敬带回中国的元朝元贞刊本亦不逊色。四的皇侃《义疏》为日本刊本，五的高丽本也是将日本正平版影印本误作高丽本，即四、五均为从日本再输回中国的材料。因此，在这些中国材料中需要特别留意的是一、二、三的石经。

第一的汉石经，据传是因为东汉末年名儒蔡邕的上奏，灵帝召集当时的学者堂溪典、杨赐、马日磾、张驯、韩说、单飏、卢植、李巡、刘宽、赵㑦、刘弘、左立、孙表等，从熹平四年（175）至光和六年（183）历时九年，正定经书并刻石立于太学门前，以作为标准本。大概当时印刷术尚未发明，还处于学者各自抄写要学习的经书的状态，自然各自经本互相差异很大，甚至出现有人在科举时行贿以使朝廷标准本与私家本一致这样的不法行为。在这样的时代，刻制石经确实是意义非凡的工程，若此石经能完整保存下来定会给经书研究带来无法估量的价值。但不幸的是，此石经遭东汉末年兵燹，其后虽经一次修补，但终随时代一同湮灭了。宋代虽有部分石经残片出土，似有摹刻拓本，洪适《隶释》中著录有石经拓本文字，但这些残片也散佚不传。仅有似为当时摹刻的拓本秘传于清代收藏家孙退谷、阮文达、蔡小松、钱椒溪等人之间，后翁方纲据此拓本摹写刻石，收于南昌府学。因此，直到最近我们仅能通过《隶释》和翁方纲刻本窥其片鳞。阮元的《校勘记》中所采用的版本与此相差无几。但是，近来河南洛阳太学遗址出土大量石经残片，现分藏于吴兴徐氏、上虞罗氏、胶西柯氏、四明马氏、山东第一图书馆、北京大学等处，可以看到原拓本。当然这些是细小的残片，只能据此尝鼎一脔，但即使如此能知全鼎之味也令人欣喜。当现存诸本之间有差异时，我们可据这些残片定其是非优劣。

第二的唐石经是唐文宗开成二年（837）因郑覃的奏请，皇帝命人将《易》《书》《诗》《三礼》《春秋三传》《孝经》《论语》《尔雅》十二经刻石立于太学门前，其后又命玄度附刻《九经字样》一卷，命张参附刻《五经文字》三卷，现在依然屹立于西安碑林之中。立于洛阳的汉石经已损毁，开封的北宋二体石经也已湮灭，今日唯唐石经得以完整保存可以说是奇迹。这可能是因为与洛阳、开封相比，西安受战乱影响较少，但也不能忘记那些爱护修护石经之人的功劳。石经原立于长安务本坊，唐末天祐年间韩建筑新城时被弃于郊野。然及朱梁时刘鄩守长安，其幕吏尹玉羽进言将碑石移至城内。当时刘鄩忙于守城，没有余力用于保存石经等，但尹玉羽劝言称，若石经被贼兵占领用来作挡箭石，对我方非常不利，这才终于将石碑移至唐尚书省西侧之地。但那里地势低洼，下雨容易浸水，腐蚀毁损之处甚多，等到宋代吕大忠（吕大坊之兄）任陕西转运副史来此地赴任之后，才将碑石移至府学之北，洗落尘土、补固残缺后分列东西两侧，时为元祐二年（1087）。唐石经虽靠尹玉羽、吕大忠之力得以保存，但其后明嘉靖三十四年（1555）发生大地震，石碑倾倒折断。西安府学的生员王尧惠等将之整修，又别刻小石以补阙字。于是今世的装裱本中，以明代补刻之处剪装补入开成初刻碑文的剥落损毁之处，以求经文完整。顾炎武在《金石文字记》中指出唐石经误谬之处，但多为明代补字，大约顾氏是据剪装本论述的。真要讨论石经的价值，必须去掉明代补字后进行考虑。并且，如清朝金石学者所论，现在的唐石经中往往行旁有注记文字，但这些旁注文字也并非开成原本的碑文，而是宋人修订所加，多使石经价值减损。因此，若要研究唐石经，须先要剔除明代补字，后洗去宋代旁注，依据开成当时原碑文。

据王应麟《玉海》，后唐长兴三年（932）国子监奉敕以西京的石经为底本校刻九经，此为经籍出版之开端。其后，后周广顺三年（953）李鹗等人奉命书丹十一经及《尔雅》《五经文字》《九经字样》并雕印。中国经书出版大致均与石经颇有渊源，可以说唐石经是中国经籍的标准文本。

第三的宋石经为高宗御笔亲书，绍兴十三年（1143）临安府知事张澂奉命摹勒上石，淳熙四年（1177）知府赵磻老奉诏于太学内建光达石经之阁并纳此碑石。宋朝灭亡后，外僧杨琏真伽计划取此碑建造白塔，时任杭州路廉访经历的申屠致远反对并阻止，不过那时碑石已被损坏十分之一。到了元朝至正年间，此地建西湖书院，石经即得以保存其中。全明朝，吴讷、宋廷佐建碑亭，崇祯末年将之嵌入墙壁，保存下来的仅八十七石。尤其是《论语》仅存以下七碑：

一、从"子曰学而时习之"至"有反坫管氏"一碑。

二、从"有反坫管氏"至"赤之适"一碑。

三、从"齐也乘肥马"至"如履薄冰"一碑。

四、从"而今而后"至"食饐而餲鱼"一碑。

五、从"馁而肉败"至"司马牛问君子了口君子不"一碑。

六、从"不忠信行不笃敬"至"亦曰君夫人"一碑。

七、从"者与之其不可者拒之"至末一碑。

朱子建白鹿洞书院时，奏请下赐此石经。他在《论语集注》中所引石经即高宗所书石经，但现在已无法看到全文，仅能窥得其十分之一。因此，如果要在中国找可信度高的《论语》文本的话，首先应推开成石经。

二 日本的标准文本——教隆本

山井昆仑在《七经孟子考文》中所采用的《论语》文本为以下三种：

一、古本《论语》二通

二、皇侃义疏《论语》

三、足利本《论语》

其中，第一种《论语》文本大约为室町时代的抄本，他明确指出其经注与皇侃《义疏》本经注一致。这里说的皇侃《义疏》即大永年间的写本，卷头有"足利学校"及"矗文库"两印，还有"睦子"的署名。"足利学校"之印为学校第七代庠主九华所刻，"睦子"则是第十一代庠主明彻和尚。仙台土井晚翠氏的收藏中有与此纸墨相同的皇侃《义疏》卷首一册，从末尾处的"大永四季之夏于野刕足利之傍写之毕"可推知，此本亦为大永年间的写本。还可推测出，与此本一致的两种《集解》本也应为同一时期的抄本。第三种足利本《论语》实际上是庆长年间的活字印本，应当是室町末期抄本的活字印刷本。总而言之，山井昆仑所采用的《论语》文本无一能上溯至室町时代以前，也不能说他校勘的是好抄本，但即使如此，他因引用了不同于中国版本系统的《论语》文本而引起彼岸学者瞩目也是事实。

在他之后，吉田皇墩以庆长活字本为底本对校古本七种，撰写《论语集解考异》。《考异》所引古本为以下七种：

一、卷子古抄本。出自大和古市农家广濑家，而后献给旧津藩侯，流传下来称为菅家本。

二、旧版大字本。即正平版。

三、大永抄本。大永四年（1524）抄写，原为藤原贞干所藏，后归狩古氏求谷楼，现藏于岩崎氏东洋文库。

四、永禄抄本。永禄六年（1563）抄本，经注与皇侃疏本大体相同，每篇题下存皇疏一条。

五、宣贤本。天文二年（癸巳，1533）年清原宣贤校刊。

六、国训本。旁添日文训读，据传也出自清原家。

七、伊氏本。享保年间（1716—1736）伊藤长胤校刊，据传其底本亦出自本邦旧本。吾师狩野先生收藏有东涯旧藏古抄本一种，每篇题下有皇侃义疏，与永禄本相同，或为伊氏本的底本。

以上七种之中，至少最开始的两种是比山井氏所引证的诸本优秀的善本，可惜其来历与性质都尚不清楚。

《经籍访古志》中记载枫山官库所藏嘉历抄《论语集解》十卷，此抄本为嘉历二、三年之际（1327—1328）僧人禅澄于加州白山八幡院玉泉坊所抄写，卷末附有仁治、弘长、正安、延庆年间的明经博士清原氏旧跋，岛田氏中也在《古文旧书考》中盛赞该抄本内容精善。此本现为宫内省图书寮的贵重资料，因其为明经博士清原氏家本之抄本，称得上是我邦《论语》的标准文本。

另外，和田云村翁所集古书中有正和抄《论语集解》十卷。此本在既往著述未被提及，明治末年经东京村口书店斡旋而入其手，在他去世后收入岩崎氏的东洋文库。该书每卷卷末附有仁治、延庆年间清原氏诸跋文，可知与嘉历抄本同源。对校两种抄本，虽多少有些出入但大致相同。不单是经注相同，连批注的识语（奥书）都一致。只是正和本缺失的识语存于嘉历本里，而嘉历本里缺失的识语存于正和本里，合起来表明了此本来历。因此将两种抄本的识语抄录于此以考其性质：

卷一

本奥云

此书受家说事二度，虽有先君奥书本，为幼学书之闲，字样散散不足为证本。仍为传子孙，重所书写也。加之朱点墨点手加身加了，即累叶秘说一事无脱。子子孙孙传得之者，深藏匮中，勿出闻外矣。于时仁治三年八月六日。

前参川守清原在判

建长五年二月一日以家之秘说授愚息直隆了。

前参河守在判

　　文永三年四月十四日手身书点了。此书虽营事既三部也，始受家君之说本，料纸尪弱之闲，相传犹子教有了。次课能书令书写之本，为炎上纷失，仍为传子孙，重所书写也。子子孙孙深藏匮中，勿出闱外矣。

朝议大夫清原在判

　　弘安六年三月廿四日以九代之秘说授愚息教元了。

散位在判

　　正和四年六月七日书写了。

　　正庆二年闰二月廿一日朱墨校点了。

　　卷二

　　为子孙证本自书毕　　　　　　参州前刺史教隆

　　此书受说之本，幼学之闲，文字错误，料纸尪劣，不得足传于后叶，是以课愚笔兮书写之上，朱点墨点，手加身加，累家秘说，一事不脱。子子孙孙可秘可秘，深韫匮内，勿出闱外矣。于时仁治三年南吕八日。

前三河守清原在判

　　正安二年正月九日以祖父自笔之本终点校之功了，子细载第一卷而已。

朝请大夫清原在判

　　延庆四年三月一日以南堂十代秘说重授愚息外史

二千石繁隆毕。

隼人正兼直讲丹后介清原在判

正庆第二历仲吕下旬侯，朱墨校点了。

卷三

本奥云

手自书写毕，字样既得其正，子孙可宝之。

参州刺史清原教隆

此书受说之本，幼学之闲，字画舛错，料纸尫劣也，不足传于后叶，因兹课拙手兮下笔之上，朱点墨点，独励独勉，累家秘说一事不脱，子子孙孙可秘可秘，深韫匮内，勿出闉外也，于时仁治三年南吕九日。

前参河守清原在判

本云

弘安三年七月一日手身书点了，子细载第一卷，子孙相传之，尤可秘而已。

朝议大夫清原在判

正庆二年四月廿日朱墨校点了。

卷四（此卷正和本无识语，依嘉历本补之）

本云

此书受说之本，为幼学书之闲，字画舛误，用纸尩劣，不足传于后叶，是以手书身点付子传孙，累家秘说一事无脱，宜韫匮中，勿出阃外，于时仁治第三历南吕。

前参河守清原在判

弘长三年十月廿九日授申得桥禅门了。

前参河守清原在判

正安四年八月十六日书之。　　　　　　　觉源之

正庆二年五月一日书之。

卷五、卷六、卷七（正和本、嘉历本皆无识语）

卷八

本奥云

此书先年一部十卷自书自点毕，而此卷为或人被借失，仍又重凌。六旬余老眼自书自点补阙毕，是轨道之宿执而已。于时正嘉三年三月十五日。

前参河守清原在判

木奥云

正安第二之历夹钟上旬之侯，以祖父自笔之本终点校之功毕，子细载第一卷者也。

朝请大夫清原在判

本云

延庆四年三月十五日以南堂十代之遗训重授愚息繁隆毕。

隼人正兼直讲丹后介在判

正庆二年闰二月八日朱点墨两点校了。

卷九（此卷正和本无奥书，依嘉历本补之）

本云

仁治三年正月书，同八月十八日点了。此书受说之本，幼学之闲，字画舛误，用纸尪劣，不足传于后叶，因兹新手书身点欲付子传孙。凿壁之功非轻，累家之说三看，宜韫匮中，勿出闻外矣。

参州前刺史教隆在判

于时嘉历三年九月十八日于灯下亥尅书之毕。

笔者禅澄判

同夜雨霁，书加朱墨点了。此编为研幼童之愚眼，先挑五常之灯，寄庄老之教诲，令滞禅门之规矩矣。

卷十

本奥云

仁治三年三月八日，一部十卷终自功了。此书虽有先人奥书之本，幼学之闲，书点不正，不足为证本。仍今为子孙殊所加意也，可秘可秘矣。

参河前刺史清原教隆

同八月十八日加点了。

前参河守清原在判

本奥云

建长七年六月十五日，以累叶训说授愚息直隆毕，一部十卷今日既讫者也。

前参河守在判

本奥云

弘安三年二月廿七日手自书点毕，凡此书终功三度也。初幼学之本，虽有先人之奥书，用纸尪劣之闲，难传来世，仍授犹子教有了。其后诹能笔，加自点之处，为炎上化灰烬了。今为备了孙之证本，重遂书点之大功而已。先圣先师，定有感应，累祖累灵，仍无哀愍矣。

朝请大夫清原在判

以上用嘉历本补足正和本识语缺失之处，熟读后知两抄本均为明经博士清原家证本的抄本。清原家被任命为明经博士始于广澄，其后赖隆、定滋、定康、祐隆先后继承家学，至第六代赖业，除明经博士外又兼任明法博士，任高仓天皇侍读，尤为著名，其子孙世代作为明经道博士而掌经学。平安朝的太学中央为讲堂，北侧有文章博士的教室，南侧为明经博士的教室，所以明经道也被称为南堂之学。上文识语中"南堂十代之秘说"或者"南堂十代之遗训"就是这个意思。将广澄及他以后与此识语相关的人物从清原家谱中摘录出，则如下所示：

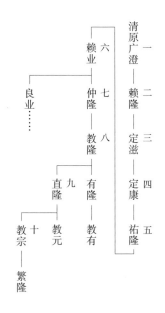

图表中旁注的数字一、二、三，指的是从第一代明经博士广澄开始计算的子孙世代数。据上列第一卷、二卷、三卷、四卷的识语，以及第九卷、十卷的仁治三年（1242）识语，此

抄本的原本于仁治三年三月八日写完，至八月十八日完成加点，抄者为前参河守即清原教隆。而从第一卷建长五年（1253）的跋文，与第十卷同七年的跋文可知，教隆从建长五年二月至七年六月，花费两年的岁月将此本传授给儿子直隆。接下来，第一卷弘安六年（1283）的识语中有"以九代之秘说授愚息教元了 散位"一句，而据上面的家谱图，直隆将家学传授给其子教元，则"散位"即指直隆，这一点由宫内省图书寮尊藏《春秋左氏传》卷七识语中所记"文永元年四月二日书写了 散位清原直隆"可以得到证明。又据第二卷及第八卷所载延庆四年（1311）识语，该年三月左右，直讲丹后介将南堂十代之秘说传授给其子繁隆。据家谱图，丹后介即教宗，而教宗应是直隆次子，也即教元的弟弟。由此，正和本显然就是由教隆先后传给直隆、教宗、繁隆的清原家证本。教隆的本名为仲光，是赖业之孙仲隆的末子，正治元年（1199）生于京都，幼时受父亲仲隆家训，仁治元年（1240）就任参河守，同二年成为关东将军赖经的侍读而东下，自此至文应元年（1260）共二十一年均留在镰仓，作为北条实时的师友为金泽文库的创建及充实而尽心尽力，关东文教的繁荣负此一人之力。其子直隆后来也成为关东将军的侍读，但正元元年（1259）先于父亲而去世。其孙教元作为大外记五位上博士，位列关东评定众，并担任法皇及将军的侍读至元亨二年（1322）。因此，可以说此抄本是传至关东地区的清原家证本。清原家世代作为明经博士掌管京都明经道，仲隆之子教隆迁至关东，但仲隆的弟弟良业及其子孙一直在京都，家学得以维持至明治初年。但此后京都屡遭战火，明经家证本也未流传下来，而镰仓地处乡下，且金泽文库建于边鄙之地，相对安稳，大量古本得以在宫内省图书寮及他处保存至现在，实为我国文化史上应大书特书的事实。正和本《论语》及嘉历本《论语》正是其纪念物之一。而上溯此抄本之来源，则底本为广澄之后世代相传的家本，无疑是源自王朝初年由遣唐使传入的彼岸旧本。因此，可以认为传入日本的标准文本为正和本、嘉历本。

与正和本、嘉历本相关的另一抄本也应被提及，即皇墩所谓的卷子古抄本，通称为菅家本。此抄本原出自大和古市农家，后被献给旧津藩侯，在大正十二年（1923）的地震中化为乌有。但其影抄本藏于津市横滨氏家中，另有影写其中一部分并刊印之本，以及将整体缩小临写后付梓的缩临古本《论语》。最近东京文求堂又将后者缩影出版，可窥其内容。此本第三卷末有一条如下：

手自书写毕，字样既得其正，子孙可宝之　丞相

"丞相"这一署名即此本被称为菅家本的理由。但这两个

字笔迹与书后识语的笔迹不同，正如《经籍访古志》的作者所指出，疑为后人所为。其书后识语与正和本第三卷识语的第一条相同，而正和本中将其作为"参州刺史清原教隆"所书。我曾经将缩临古本《论语》与正和本、嘉历本进行整体校合，判断三种抄本出自同一底本。因此，所谓营家本实际上明显也是清家本，属于教隆证本系统。正和本、嘉历本并非轻易可见，又无景刻本，所以以缩临本为代用本也基本没什么问题。

三 正平版《论语》

前面已经说过，吉田皇墩《论语集解考异》中所引用的版本为正平版。但所谓正平版有三种，即双跋本、单跋本、无跋本。双跋本第十卷末题"论语卷第十"右侧有以下两行刊记：

    堺浦道祐居士重命工镂梓
    正平甲辰五月吉日谨志

另，末题左侧刻有署名如下：

    学古神德楷法日下逸人贯书

　　单跋本即删去该署名仅余刊记，无跋本则将刊记与署名均删去。关于这三种版本的先后顺序，学者意见不一。吉田皇墩在《活版经籍考》中根据正平版刊记有"重命工镂梓"字样推测应有原刊，并认为就是无跋本。而狩谷棭斋在检视日本桥书肆千钟房所收无跋本残版时发现刊记处有凿痕，因此主张单跋本为先，无跋本削去刊记。其友人市野迷庵覆刻单跋本，于札记中支持棭斋的说法。但到了明治二十五年，宫崎幸磨在《如兰社话》第三十二卷中，据岛田藩根翁所藏转写自元亨二年刊本的《古文尚书》末尾处有"日下逸人"的署名，认为署有相同名字的双跋本才是最古版本。岛田干在《古文旧书考》中也持相同见解。其后，林泰辅博士在《论语年谱》中指出双跋本补单跋本脱落，重提单跋本最先开版说。关于正平版三种的先后顺序，学者各持己见，莫衷一是。但昭和六年五月大阪府立图书馆举办创立三十周年纪念展览会，诸家珍本齐列一堂，方知所谓双跋本亦有两种版本。第一种是大阪府立图书馆所藏本，第二种为宫内省图书寮以及岩崎文库所藏本，经过对内容版式等详细比较研究，第一种双跋本为最古者，单跋本为此本的覆刻本，无跋本则删去单跋本刊记，第二种双跋本是据第一种双跋本而出的另一系统的复刻本。此项研究归功于大阪府立图书馆馆长长田富作君，以及出自东京文理大学的少壮派学者川濑一马君。

　　将第一种双跋本定为正平版祖版之后，由其刊记"重命工镂梓"之句又必然推知还有原本。岛田氏在《古文旧书考》中据正平版的文字与开成石经一致而认为其受宋版影响，并由此认定其原本必为宋版。但宋版中并无正平版这样的版式，正平版无论从形式还是字体来看，均属于卷子本系统，若存在原本也必为日本旧版。但现今并无疑似其原本的旧藏本存世。仅有著名为"学古神德笔泫日下逸人贯书"之书可供我们想象其原本。此书为《古文尚书》的古写本，原为岛田藩根翁的藏书，后流转于田中光显伯爵、内野皎亭氏之手，最近被收入岩崎氏静嘉堂文库。书末题之后的署名为"学古神德笔法日下逸人贯书"，并有如下跋文：

　　　　右史记言之策者，先王号令书也。广举宏纲，密撮机要，寔是启导之渊府，设教室之门枢，立为国经，垂为民纪，六籍之冠，万古不刊者也。今将弘其传，命工镂梓，莫谓尸祝治樽俎，岂非见义而为耶。普劝学徒，庶察吾志，儒以知道，释以助才，岂曰之小补哉。

　　　　　　　　　元亨壬戌南至日学三论业沙门素庆谨志

　　细读跋文末尾处可推知，此写本抄写的应是元亨二年壬戌三论学僧素庆的刊行本，该刊行本应与正平祖版《论语》

同为"日下逸人贯"所书。刊行者"素庆"为何人尚不清楚，但奈良东大寺图书馆所藏残本《法花义疏》第十二卷书后识语有如下记述：

> 自去永仁元至同三年，送首尾三个年之星霜，开《义疏》十二卷之印板讫。即就澄禅宗师之讲肆，事讨论，因聚南都北领之旧疏加刊定，（中略）殊当卷檀那清原氏女，拟七七逆修，显如如妙理，七世恩□，通自他，三界群生，岂差别。然则发破邪显正之觉，成革凡入圣之妆也。都干缘沙门素庆虔跋

此处的澄禅宗师是常住洛西桂宫院讲戒律的学匠，建长三年从与正菩萨那里受具足戒，从东大寺智舜学三论，从醍醐遍智院亲快修密教。素庆似为其弟子。大约素庆透过澄禅修东大寺智舜的三论，基于"儒以弘道，释以助才"的观念在永仁元亨年间（1293—1323）募集善款出版儒释经典。考虑到正平祖版《论语》与素庆刊行的《尚书》同为"日下逸人贯"所书，或许《论语》版本中也有元亨前后素庆等的刊行本，而正平十九年堺市浦道祐居士将其重刊，删去旧跋文，代之以道祐的刊记并将其插入《尧曰》末章结尾处与"论语卷第十"末题之间，此即正平祖版《论语》之原形。当然，这仅

仅是我的猜想，并无确证，但这样想来便可毫无矛盾地解释为什么正平祖版的正文典雅遒润，不失从奈良朝写经名手古神德习书法之人的风貌，而与之相反，道祐的刊记则笔法凝滞，给人画瓢之感，以及同刊记中明确记载"重命工镂梓"的意味。

据前文所引《法华义疏》的刊记，素庆似因清原氏之女的捐赠才得以刊行《义疏》，仔细查阅似为抄自素庆刊本的《古文尚书》内容，可知这也是以清原家家本为底本。于是我们重新回到正平版《论语》，将正平版的内容与传承清原教隆家法的正和本及缩临古本、以及属于中原家系统的三宝院文永本及高山寺本等比较之后，可知正平版还是最接近教隆本。不过，它与教隆本亦多少有相异之处，例如：

一、《公冶长》篇"少者怀之"之下，正和本、嘉历本有孔注一条，正平版无。

二、《宪问》篇"曾子曰君子思不出其位"章之下，正和本、嘉历本、缩临本有注"孔安国曰不越其职"八字，正平版无。

三、《卫灵公》篇"子曰人而无远虑必有近忧"之下，正和本、缩临本有十二字注"王肃曰君子当思虑而豫也"，嘉历本记于行旁，正平版无。

四、《卫灵公》篇"信以成之君子哉"之下，正和本、嘉历本、缩临本有注"郑玄曰义以为质谓操行也孙以出之谓言语"，正平版无。

五、《卫灵公》篇"不病人之不己知也"之下，正和本、嘉历本、缩临本有注"苞氏曰君子之人但病无圣人之道不病人不知己"，正平版无。

六、《卫灵公》篇"不以人废言"之下，正和本、嘉历本有注"王肃曰不可以无德而废善言"，正平版无。

七、《卫灵公》篇"己所不欲勿施于人也"之下，正和本、嘉历本、缩临本有注"言己之所不欲勿加施于人"，正平版无。

八、《阳货》篇"今之愚也诈而已"之后，正和本、嘉历本、缩临本有经"子言巧言令色鲜矣仁"及注"王肃曰巧言无实令色无质"，正平版无。

以上八条为教隆本与正平版的相异之处，但正和本、嘉历本中这些地方均于栏外或行旁注有"折有但本无，不可读"，则这些文字原本不存于清家家传本中，是教隆对照折本即宋椠本所补。正平版中无此部分，便暗示其底本为教隆本之外的清家证本，换句话说，它依据的不是镰仓清家，而是京都清家的家本。《宪问》篇"俱不得其死然"之下，正和本中有注"孔安国曰此二子者皆不得以寿终也"，旁记"此注或本无"，而正平版中也存此注。结合文永本中无此注则知所谓"或本"就是中原家家本，正平版未从或本而保留此注，证明其底本为清原家家本。因此，我认为正和本、嘉历本、缩临本均为迁至镰仓的清家即教隆的家本，而正平版论语则为抄自京都清家家本并付梓之物。然而镰仓时代之后京都频遭战乱，特别是经室町时代的应仁大乱，明经家的证本很可能已被付之一炬，并无确切材料可证明这个观点，但从周边信息来看我相信这一推断大致无误。

关于正平版《论语》，在此附记一则插曲。以前有正平版的写本，不知何时传至朝鲜。恰好萧应宫赴任朝鲜监军，购得此本并带回中国，其后被清初藏书家钱遵王收入。遵王认为此书笔画与六朝初唐之人的碑版相似，喜为书库中的奇本，但他不知道正平为日本年号，因得自朝鲜而称之为高丽本。乾隆五十九年（1794）陈鳣撰《论语古训》时曾对照此本校勘《论语》，仍称其为高丽本。《论语古训》序中有云"凡经文从邢昺《正义》本，而以汉唐石经、皇侃《义疏》、高丽《集解》本、《经典释文》及日本山井鼎《七经孟子考文》、物观《补遗》校注于下。……至邢本集解舛误良多，甚将语助字删削，致文义不属，今则从皇本、高丽本也"即指此事。又嘉庆十年（1805）阮元著《十三经校勘记》时亦参考此本，但仍未改高丽本这一名称。后此本辗转于张金吾、黄丕烈、陆心源等人之手，其为日本刊本之事也已清楚明了。明治四十一年（1908）陆氏藏书归岩崎氏静嘉堂所有，此书又重回日本。但长久以来此书辗转于彼岸藏书家之间，甚受彼岸学者关注，因此明治初年黎庶昌作为驻日公使来东京之时，得单跋正平版收刻于《古逸丛书》之中，近来上海商务印书馆编印《四部丛刊》之际又景印此本。由此可以想象此本地位有多重要。

四　校勘的方针

《论语》是儒教经典中最被广为阅读的书籍之一，自然也有众多异本，收集这些异本并进行校勘并非易事。于是，我们不得不先找到标准文本，缩小范围进行校勘。本来对校异本也并非追求数量，而是追求系统梳理质量上乘的材料，以得到最准确的文本。因此，比起收集驳杂繁多的诸本，系统地整理二三版本效果更好。因此，我在前面三节中仔细斟酌《论语》文本，将唐开成石经定为中国的标准文本，将教隆本及正平版作为日本的标准文本。而教隆本和正平版本来都是清原家的家本，当作一个版本更为合适。因此我认为，对校教隆本和开成石经，注意其相异之处，又上溯至陆氏《释文》、汉石经以及《史》《汉》、诸子所引遗文，评定其孰优孰劣才是最为公正的态度。极其笼统的结论是，若以陆氏《释文》校勘开成石经及教隆本，石经更近于陆氏采用的正文，而教隆本更近于《释文》注中所引用的"一本"。并且，石经中助字较少而教隆本中助字较多。同为《论语》却有如此差异的理由是什么呢？结合《颜氏家训·书证》篇中说到当时河北与江南的经书正文差异较大，概而言之就是河北的经典助字较少而江南助字较多，则可能陆氏所采用的正文与开成石经属于河北本系统，而传入我国、与陆氏所谓"一本"相合的旧抄本属于江南系统。这并不仅是经书的问题，也是与《老子》等诸子著述有关的问题。据宋人谢守灏的《老君实录》记载，唐人傅奕在校勘《老子》时，发现王弼本和河上公本均有详略两种经本。关于王弼本，我孤陋寡闻，尚未找到相应的佐证材料。至于河上公注《老子》，鄙藏的室町时代写本计五千三百零二字，而近来敦煌出土的唐写本计四千九百九十九字，两者相差三百零三字。而现在河北省易县所存唐景龙二年的老子碑与敦煌本接近，江苏泰州出土的唐广明二年老子残幢则与日本写本相似。据此也可证明河北的经典助字较少，而江南经典助字较多。概言之，北方语气急而南方和缓，受语势影响，不知何时北方经典中助字遭刊落，而南方典籍中则增加。要之，无论是经书还是诸子，传入日本的古典多属于江南系统的版本，与沿袭河北本的中国版本不同。因此对校唐石经与教隆本，也就是对校河北本与江南本，再将其与汉石经残字对照，就可以分出孰优孰劣。

　　话既然已经说到此处，就必然要开始实际校勘了，前些年我已经按此方针校订过岩波文库的《论语》正文，故在此略过。以下本书所引《论语》均出自岩波文库本。不过为了尽量易于阅读，我仅列出译文而省略原文，如有需要还请参照文库本。

第二章

《论语》的原典批判

一 《鲁论》《齐论》与《古论》的关系

据何晏《集解》序中所引刘向之说以及《汉书·艺文志》，西汉时的《论语》有《鲁论》《齐论》《古论》三种不同版本，各有师承。三论之中，仅《古论》出处及发现年代有明确记载，即汉武帝时自孔壁中发掘，而《鲁论》与《齐论》如何流传下来皆不可知。因此，我们来考察一下《汉志》和何晏序中所见传承齐、鲁二《论》的学者的生存年代。

首先是传《齐论》的学者：

王卿，见于何序。邢疏记其在武帝天汉元年（前100）由济南太守迁任御史大夫，事迹不详。

庸生，见于何序与《汉志》。《汉书·张禹传》记张禹师从王阳、庸生，而他是元、成二帝时期之人，其师庸生应为宣、元时期之人。据《汉书·儒林传》，庸生为孔安国再传弟子，从都尉朝处受古文《尚书》。

王吉，字子阳，琅邪皋虞人，治邹氏《春秋》与梁丘《易》，教授《诗》《论语》。宣帝时被起用为昌邑中尉，元帝即位后召之，年老而于途中病故。

宋畸，见于《汉志》。《宣帝纪》中所载詹事畸即此人，其由詹事官至大鸿胪左冯翊少府。地节三年京师降雹，萧望之上疏，宣帝命少府宋畸问明情况。此事见于《萧望之传》。

五鹿充宗，见于《汉志》。字君孟，代郡人，通《齐论》又治梁丘《易》，因梁丘贺为宣帝时人，故充宗为宣帝之后的人。

贡禹，亦见于《汉志》。有本传。字少翁，琅邪人，元帝即位后召为谏大夫。

以上六人中，除王卿为武帝时代之人，其他均为宣帝、元帝时代之人。

下面来考察传《鲁论》的学者：

龚奋，《汉志》记载其为常山都尉，但生平事迹不详。

鲁扶卿，见于《汉志》与《释文》，生平事迹不详。郑玄《论语》序中记为"鲁扶先"，"先"是"先生"之意，则"扶卿"的"卿"应为尊称。据王充《论衡》，鲁扶卿师从孔安国习《论语》。

韦贤，见于何序及《汉志》，有传。字长孺，鲁国邹人，授昭帝《诗》。宣帝即位后,因他为先帝之师极为看重,卒于地节三年。

韦玄成,见于何序。贤之子,字少翁,以明经官至丞相,卒于元帝建昭二年。

夏侯胜,见于何序及《汉志》。有传。字长公,东平人,宣帝即位后,胜受命为太后讲授《尚书》,升为长信少府,后改任太子太傅,奉诏撰《尚书》《论语说》。《汉志》所收《鲁论夏侯说》二十一篇应为胜所作。从兄之子夏侯建和萧望之均师从胜。

萧望之,见于何序与《汉志》。有传。字长倩,东海兰陵人,事同郡后仓治齐《诗》,又师从夏侯胜传《鲁论》。宣帝时代之人。

张禹,见于《汉志》、何序和陆氏《释文》。《汉书》中有传。字子文,河内轵人,初从夏侯建传《鲁论》,后从王阳、庸生讲齐说,元帝初年时为太子授《论语》,升任光禄大夫,成帝即位后召赐关内侯,河平四年封安昌侯,卒于哀帝建平二年。《汉志》所收《鲁安昌侯说》二十一篇就是张禹所撰。

以上七人之中,龚奋生平不详,仅鲁扶卿一人为武帝时代的人物,其余均为昭帝、宣帝以后的人物。因此,《鲁论》《齐论》的学者总体来说几乎都是武帝以后之人,在《古论》出现以后才流行开来的。于是,此处又生出一个疑问,《齐论》《鲁论》是在《古论》出现后因对其读解诠释方法不同生出的不同门派吗？王充《论衡》载《鲁论》学者鲁扶卿从孔安国学《古论》，而《儒林传》载《齐论》学者庸生也师从孔安国的弟子都尉朝学习《古文尚书》，由此类记述来看，上述猜想并非一定是无稽之谈。

据陆氏《释文》，东汉郑玄据《鲁论》周氏本对校《古论》"读正五十余事"，如序章中所言，其读正的五十余条中仅二十四条如今仍见于《释文》。但若细看这二十四条并对照许慎《说文》的话，可知郑玄所谓古文与许慎所见古文并不相同。也就是说，许慎《说文》所引古文《论语》应该是真的从孔府壁中出土的古文《论语》，而郑玄所见并非壁中古文，而是隶古定本。周末地方诸侯割据，几乎各自独立，所以各地风俗习惯与字体自然也互不相同，特别是齐、鲁即今天的山东地区，与秦即今天的陕西地区，因相距甚远故差异似乎也最大。但秦始皇统一天下之后，接受李斯奏请而欲统一文字。当时制定的文字被称为篆书或秦篆，现在还存于琅邪台的刻石以及泰山碑的断片上。但篆书或秦篆笔画极为繁杂，不便实用，将之省略便成为隶书。汉代将隶书作为通用字体，故它也被称为汉隶。汉隶出自秦篆，秦篆又是以秦即陕西地方以前的文字为中心而制定的文字，与齐、鲁即山东地区古来通行的古文字差异颇大。汉初兴盛的儒家经典大多为秦代博士所传，均用汉代通用字体，也就是隶书所写，而隶书是当时的现代文字，故这些典籍被称为今文经典。与之相对，到汉代中期即景帝时，从孔子旧宅发掘出来的经典则是用齐、鲁古文所写，因此被称为古文经典。这些古文经典最初应该也是直接抄写古文字形，后逐渐受隶书笔法影响而简化字形，此种版本被称为隶古定本。在《论语》这里，东汉许慎所见古文《论语》似乎尚为使用真古文所写，但郑玄所见版本已经不是真古文，而是隶古定本。因此，郑玄所引古义与许慎所引古文并不相同。下面试举一二例子：

一《子罕》篇"冕衣裳"下《释文》有"郑本作'弁'，云《鲁》读'弁'为'絻'，今从《古》"。据此则郑玄所见《古论》中将"冕"作"弁"，而《鲁论》则作"絻"。但据《说文》，"絻"为"冕"的或体，《鲁论》中包咸一派将其作"冕"，今本《论语》继承此处。因此，"絻"和"冕"为《鲁论》，"弁"应为《古论》。据《说文》，"弁"字正确写法应为"覚"，因此许慎所见《古论》作"覚"，郑玄所见《古论》作"弁"，前者应该是从壁中出土的真古文而后者则是改写过的隶古定本。

二《子罕》篇"沽之哉沽之哉"下《释文》中有"《鲁》读'沽之哉'不重，今从《古》也"，但据汉石经残字，《张侯鲁论》作"贾之哉"而包咸《鲁论》作"沽之哉"。今本中重复"沽之哉"三字被认为是从《古论》，但《玉篇》所引《古论》中"沽"字作"歺"。又据《说文》，"沽"字并无以水名卖之意，含"卖"

这一意思的字为"歺",则许慎、顾野王所见《古论》作"歺",作"沾"应为隶古定本。

三《季氏》篇"言未及之而言,谓之躁"下释文中有"《鲁》读'躁'为'傲'"。"躁"为古文,但《说文》中并无"躁"字,而有"趮"字,且注云"趮,疾也,从走喿声"。《周礼·考工记》中有"羽丰则迟,羽杀则趮",将"趮"字作为"迟"字的对义,因此"趮"字显然相当于"躁"字。大约许慎所见真古文作"趮"而隶古定本中改为"躁",《鲁论》将"趮"字看作"傲"的假借字而将其翻译为"傲"。

如此想来,可以认为郑玄所见古文实为隶古定本,与真古文有所出入。

若再进一步考察《古论》与《鲁论》的关系,则知《述而》篇"吾未尝无诲"的"诲"字《鲁论》读作"悔","君子坦荡荡"的"荡"字读作"汤",《子罕》篇"不为酒困"的"困"字读作"魁",《乡党》篇"君赐生必畜之"的"生"字读作"牲",看起来像是《古论》写作正字而《鲁论》特意改为假借字,但这应该是因为《鲁论》所传为真古文,而隶古定本改假借字为本字,则将《鲁论》与隶古定本对照就会出现相反的现象。因此,《鲁论》也就是将真古文翻译成今文,即隶书的其他文本。这种关系若考述《学而》篇的"传"字就更加分明。

曾子曰："吾日三省吾身：为人谋而不忠乎？与朋友交而不信乎？传不习乎？"

陆氏《释文》记载"《鲁》读'传'为'专'"，据此此章末句应解读为"专而不习乎"，但这样意思完全不通。也有学者依据《古论》，认为应解读为"不习传乎"，但这种解释又迂回曲折。若将此句与前面两句对照来看，"传"字下面似有脱字或可补"而"字，又结合《说苑》中"君子博学患其不习"思考，"传（傳）"字似乎是"博"字的讹字。

"传（傳）"字与"博"字本来就形似易混淆。《汉书·刘向传》中的"传（傳）问民间"据《文选》卷四十三刘子骏《移书让太常博士》为"博问人民"的讹字，这是"博"被误写为"传（傳）"的一个例子。而且，"博"字又往往被误作"搏"字。《管子·幼官》篇中"九本搏大，人主之守也"的"搏"字即"博"字的讹字。而古书中又常将"搏"字作为"專（专）"字的或体。如《史记·秦始皇本纪》中"搏心揖志"句下索隐注"搏古專（专）字"，《易·系辞传》中"其静也專（专）"在陆绩本中作"搏"，而《左传》昭公二十五年中"若琴瑟之專（专）"在董遇本中作"搏"等均为其例证。因此，郑玄所谓古文中"博而不习乎"的"而"字脱落且"博"被误为"傳（传）"，而《鲁论》则将"博"讹为"搏"又改写为"專（专）"。若真如此，则郑玄所谓的《古论》就是将壁中真古文用隶书转写而成的隶古定本，而《鲁论》也是将真古文译成今文的另一种翻译本，可以说二者均出自于壁中真古文。至于《齐论》，尚无任何线索资料，但或许也为真古文的另一翻译本，仅将最后《问王》《知道》两篇附加作为新材料。

以上所言如无大错，刘向所谓的齐、鲁二《论》为孔子壁中古文出土后，因解读方法不同而分为两种文本，与此相对的是，《古论》也随时代变迁被改写为隶书。由此生出《齐论》《鲁论》《古论》三种不同《论语》版本，三种版本说到底都是由同一壁中《古论》分化出来的异本。

二 孔壁《古论》出现以前的孔子语录
——齐鲁二篇本与河间七篇本

若如上面所讲，齐、鲁二《论》为修订《古论》而来，那么《古论》发掘之前就没有其他版本的《论语》吗？陆贾的《新语》、贾谊的《新书》《韩诗外传》等汉武帝之前的文献中所引孔子语句有时也可见于今本《论语》之中，但更多的是今本没有的内容。因此可以想象，当时的人所读的孔子语录并非今天的《论语》。此时代之人引用孔子语句，只加"孔子曰"或"传曰"，由此想来当时应该连"论语"这一书名都没有。不过，《礼记·坊记》中有以下记述：

> 子云："君子弛其亲之过而敬其美。"《论语》曰："三年无改于父之道，可谓孝矣。"高宗云："三年其惟不言，言乃雍。"

据梁沈约之说，《坊记》与《中庸》《表记》等篇同为子思所作，因此此篇中引用"论语"这一书名似乎可证《论语》定名于子思的时代。但在《礼记》据传为子思所作的诸篇之中，引用"论语"这一书名的仅此一条，其他地方即使引用《论语》的内容也仅在前面加上"子曰"，并且此章的前后文与中间引用《论语》这一句意思相同，由此推测，这大概是误采后人旁注，并非子思原文。《韩诗外传》卷五也仅在"《论语》曰：'必也正名乎'"一处引用"论语"书名，从前后文推断，这也是后人旁注误入正文。又据赵岐《孟子题辞》记载，孝文帝时设置过《论语》博士，但对于同一事件，刘歆《让太常博士书》中记为"至孝文皇帝……天下众书往往颇出，皆诸子传说，犹广立于学官，为置博士"，并未出现"论语"之名。这大概是因为，孝文帝时有类似《论语》的孔子语录，被称为"传"，故刘歆所说的"诸子传说"就包含此书，而赵岐不过是将后来出现的《论语》视作此传，孝文帝时尚无名为"论语"之书。因此可以想象，现行本《论语》出现于武帝之后，在此之前只有被称为"传"的几种孔子语录。以上是我的猜测，而为这一猜测提供强有力证据的是王充的《论衡》。

王充是东汉时期的饱学之士，其著作《论衡》夙受蔡邕推崇，但其后无人问津，无善本传世。最常见的是《汉魏丛书》本，日本有宽延三年服部南郭的校定本，但都算不上善本。近来《四部丛刊》中缩印的明代通津草堂本被认为是最佳善本，但如《古文旧书考》中的细致考述，此本与秘府尊藏宋刊本相比，《累害》篇中甚至脱页，且讹字脱字较多。所谓宋刊本原为山梨稻川所藏，后归狩谷棭斋，又辗转于冈本况斋、木村正辞氏之手，最后被收入秘府，缺失二十六卷以后的部分。据吾师狩野先生所说，最近中国出现了宋刻本二十六卷以后的文本，可以用来补上秘府本缺失部分。但我没看过秘府本也没看过新出本，只看过狩谷棭斋以稻川本校勘和刻本的《论衡校异》一卷的转写本，以及山田九折堂旧藏的校宋汉魏丛书本、冈本况斋手稿《论衡考》。此外在中国学者的考证中只看过俞樾、孙诒让、孙人和诸人的著述。即使综合以上诸家的研究，《论衡》不能读解之处仍颇多，特别是二十六卷以后的部分，目前将通津草堂本作为最善之本，有待商榷之处实在不少。以下所引部分为第二十八卷《正说》篇的一节，满纸谬误，几乎无法读通。在此先引用原文，然后按鄙见修正之后再进行解读。

　　说《论》者，皆知说文解语而已，不知《论语》本几何篇；（一）但周以八寸为尺，不知论语所独一尺之意。夫《论语》者，弟子共纪孔子之言行，（二）勑已之时甚多，数十百篇，（三）以八寸为尺，纪之约省，怀持之便也。（四）以其遗非经，传文纪识恐忘，（五）故以但八寸尺，不二尺四寸也。汉兴失亡。至武帝发取孔子壁中古文，得二十一篇；（六）齐、鲁二，河间九篇，三十篇。（七）至昭帝女读二十一篇，（八）宣帝下太常博士时，尚称书难晓，名之曰《传》，后更隶写以传诵。初，（九）孔子孙孔安国以教（十）鲁人扶卿，官至荆州刺史，始曰《论语》。今时称《论语》二十篇，又失齐、鲁、河间九篇本。三十篇分布亡失，或二十一篇，目或多或少，（十一）文赞或是或误，说《论》者但知以（十二）剥解之问以纤微之难，不知存问本根篇数章目。温故知新，可以为师，今不知古，称师如何？（《论衡·正说》篇）

上文引自和刻本《论衡·正说》篇一节，下面修正其中谬误。
一、"但周"之间脱"知"字，"但知"与下文"不知"相对，与后文"但知以剥解之间……不知存问本根云云"句式相同。"所独"之间脱"以"字，刘宝楠《论语正义》所引此句中有"以"字。一尺的"尺"为"策"之误，"一尺"下脱"八寸"二字。

二、"勅已之时"的"已"字，通津草堂本作"记"字，"勅"字疑为"初"字之讹。

三、"以八寸为尺"的"尺"字为"策"字之误，"尺""策"音近而误。"约省"，王静安《简牍检署考》引作"省约"，按"省"字为"者"字之讹。

四、"以其遗非经传文纪识恐忘"，文意不通，或为"以其贵非经然不纪识恐忘"之误，仍须再考。

五、"以但八寸尺"的"尺"也为"策"之误。

六、"齐鲁二，河间九篇，三十篇"恐为"齐鲁二篇，河间七篇，三十篇"之误，"二"字后脱"篇"字，"九"字为"七"之误，《古论》二十一篇、齐鲁二篇、河间七篇共计三十篇。按：古书"七"字或为"九"字之误。李翱《复性书》中有《中庸》"四十七篇"，而《孔丛子》中则记载《中庸》为四十九篇；《史记·越世家》云"伐吴七术"，而《越绝书》则作"九术"等，都是"七""九"相误的例证。下文"齐鲁河间九篇"便应该包括齐鲁二篇和河间七篇。

七、"至昭帝女读二十一篇"的"女"字为"始"字之误。

今本《论衡》多有文字缺失仅余偏旁，卷一（八丁）"为士"宋本作"伪士"，卷六（二十二丁）"王者之居也"，宋本"也"作"地"，卷十三（十七丁）"胸中"宋本作"匈中"，卷二十（九丁）"存焉"宋本作"存录"，二十八卷（七丁）"已"宋本作"记"之类均为例子。此句中"女"字也是"始"的残字，《汉书·昭帝纪》元始五年诏中有"朕修古帝王之事，通保傅，传《孝经》《论语》《尚书》"，在昭帝之前并无读《论语》的记述，这是昭帝始读二十篇的证据。

八、"宣帝下太长博士"《汉书·宣帝纪》中有"廿露三年诏诸儒，讲五经异同，太子太傅萧望之等平走其议"，《汉志·论语类》载"石渠议奏十八篇"，宣帝下太常博士指的即此石渠论议吧。

九、"孔子孙孔安国"孔子之下脱"后"字。

十、"鲁人扶卿"的"人"字为衍字。

十一、"文赞"之上有"说文解语"，据此推知为"文语"之误。

十二、"剥解"或为"训解"之讹。

经以上修订并释读如下：

　　说《论（语）》的都只知说文解语，不知《论语》原几何篇。但知周以八寸为（一）尺，不知《论语》独一策八寸之意。《论语》记孔子及弟子言行，初记时，甚多，有数十百篇。以八寸为策，记之约者，怀持之便也。非贵经识记，恐忘，故但以八寸之策，不以二尺四寸。汉兴失亡，至武帝发取孔子壁中古文，得二十一篇，齐鲁二篇，河间七篇，共计三十篇。至昭帝始读二十一篇，宣帝下太常博士时，尚称书难晓，名之曰《传》。后更隶写以传诵。初孔子后孙孔安国教鲁扶卿，官至荆州刺史，始曰《论语》。今时称《论语》二十篇，又失齐鲁河间九篇本，三十篇分布亡失，或二十篇，目或多或少，文语或是或误，说《论（语）》者但知以训解之间，知以纤维之难，不知存问本根篇数章目。温故知新，可以为师，今不知古，如何称师？

细读上文可知：（一）武帝的时代出现《古论》二十一篇，至昭帝、宣帝时代渐被广泛阅读；（二）鲁扶卿所传《鲁论》来自孔安国，是将《古论》用隶书改写之本；（三）《古论》发掘以前，存在有齐鲁二篇本与河间七篇本。上述三点之中，一、二两点与我在第三节的想法符合，第三点则验证了本节开头的猜想。因此，我将另作一节，考察所谓"齐鲁二篇本"与"河间七篇本"是什么样的文本。

三 《论语》诸篇的类别

若齐鲁二篇本与河间七篇本是《古论》被发掘出来以前的《论语》（虽然当时"论语"这一书名尚未确定）文本，则它们应是汉初学者所传今文经，即用当时通用的隶书所写文本，但其内容无从知晓。不过我们已知，汉初鲁地的高堂生所传今文《士礼》十七篇为后来出现的《礼古经》五十八卷中的一部分。而且，汉初伏生所传今文《尚书》二十八篇也被收入其后孔壁出土的《尚书》古文经四十六卷之中。由这两个例子推测，今文齐鲁二篇本与河间七篇本应该都被收入《古论》二十一篇之中。那么，此二本分别对应《古论》二十一篇中的哪个部分呢？在思考这一问题之前，我们必须先梳理清楚《古论》的篇次。

现行本《论语》的篇次继承《张禹鲁论》的顺序，结合《汉书·张禹传》中记载：

> 始鲁扶卿及夏侯胜、王阳、萧望之、韦玄成皆说《论语》，篇第或异。

可以想象，《古论》与今本未必按同一顺序排列。梁代皇侃《义疏》中云：

　　《古论》分《尧曰》下章"子张问"更为一篇，合二十一篇，篇次以《乡党》为第二篇,《雍也》为第三篇，篇内倒错，不可具说。

　　据此则《古论》排列顺序为《学而》第一、《乡党》第二、《雍也》第三、《为政》第四、《八佾》第五、《里仁》第六、《公冶长》第七、《述而》第八、《泰伯》第九、《子罕》第十、《先进》第十一、《尧曰》第二十、《子张问》第二十一。但此事并未见于皇侃以外的记录，不能轻信。比如《公冶长》篇与《雍也》篇均为门下弟子的评语，并无打散的理由，应该是皇侃所传的错误或《古论》篇次错乱。不过，我相信将"子张问"章从《尧曰》独立出来是有其意义的。

　　据陆氏《释文》，今本《尧曰》篇末章"孔子曰不知命"不见于《鲁论》，是据孔氏《古论》进行的增补。从汉石经残片来推断，《鲁论》中似无此章，这或许是据《韩诗外传》的增补，壁中真古文中也没有。若真如此，那么壁中古文最后一篇仅余一章，今本"子张问"章之前有十六字云：

　　　　宽则得众，信则民任焉，敏则有功，公则说。

　　此十六字与前后文无关联。又《阳货》篇中有：

　　子张问仁于孔子。孔子答曰："能行五者于天下为仁矣。"请问之，曰："恭、宽、信、敏、惠。恭则不侮，宽则得众，信则人任焉，敏则有功，惠则足以使人。"

　　此章中标有着重号部分与上文十六字的前三句相同，若认为最后"公则说"的"公"字为"惠"字的残字，仅余中间部分，"说"字为"足"字的讹字，则"公则说"应可看作"惠则足以使人"的异文。那么《阳货》篇"子张问仁"章与《尧曰》篇的"子张问政"章的文章体裁完全相同，且结合"问仁"章在该篇中前后关联断裂，则可以推测出原本"子张问仁"与"问政"二章相连，并另构成一篇。所以我认为壁中《古论》将《子张问》篇独立出来有很深的意义。（参见翟灏《四书考异》以及丰岛干《论语新注》）

　　接着，《古论》将《乡党》列在第二也是颇为有趣的问题。现行本《论语》中《乡党》排在第十，仁斋先生根据此篇将《论语》分为上论和下论，并认为上论先被编纂出来，下论为后来增补，上下之间有价值差异。序章中已经提过，徂徕、春台等人也支持他的看法是广为人知的事实。若将这一观点应用于《古论》的篇章顺序，那么可以说《学而》第一与《乡党》第二这两篇就构成了完整的《论语》。而在由《学而》《乡党》二篇所构成的《论语》中，加入从《为政》至《子罕》的另一种《论语》，并将《乡党》篇排在最后，就是仁斋先生所谓的上论。上论也可以认为是由《学而》《乡党》二篇与《为政》以下八篇各自独立的两种《论语》合编而成。现在的《论语》同一章重复出现的部分很多，若将《学而》《乡党》作为第一种，将《为政》至《子罕》作为第二种，将《先进》以下作为第三种进行区别，则同一种之中就再无重复出现的章节了。这大概可以证明上述观点并非无稽之谈，同时皇侃在《义疏》中考述《古论》将《乡党》排在第二也有某种确实的证据。因此，接下来我将《论语》分为三个部分，考察这三种《论语》分别是什么性质，彼此有什么关系。

四 《学而》《乡党》二篇为齐鲁二篇本

通览《学而》《乡党》二篇全篇，《学而》第一章云"人不知而不愠"，末章云"不患人之不己知"，似前后呼应。其中除孔子之外，又引有子、曾子、子夏、子贡之言，孔门的整体精神几乎于此说尽。《学而》记录的是孔子及门下弟子的言论，《乡党》则与之相对，记载孔子的行为，两者合一才称得上是完整的孔子言行录。若将其作为完整的言行录，那么将其视作齐鲁二篇本也并非强行附会。并且，两篇中常常出现齐国方言，也暗示它不是鲁国的完整《论语》原本，而有混入齐国流传的部分，将其称为齐鲁本也合乎道理。比如《学而》中：

> 子禽问于子贡曰："夫子至于是邦也，必闻其政，求之与，抑与之与？"子贡曰："夫子温、良、恭、俭、让以得之。夫子之求之也，其诸异乎人之求之与？"

"其诸……与"这一用例并未见于其他地方，但《公羊传》中却常常出现，如下即为例证[1]：

> 《公羊》桓六年传：其诸以病桓与？
>
> 又闵六年传：其诸吾仲孙与？
>
> 又宣五年传：其诸为其双双而俱至者与？
>
> 又哀十四年传：其诸君子乐道尧舜之道与？
>
> 又僖廿四年传：鲁子曰："是王也，不能于其母者，其诸此之谓与？"

《公羊传》为齐人所传的学问，其中多有齐国方言，已在

1　"其诸与"的用例参见黄家岱《嬹艺轩杂著》"其诸解"。

王应麟《困学纪闻》中被明确指出，所以"其诸……与"这一用例应该也是齐国方言。于是，使用这一句式的《论语》章节也是由齐人所传，此处存有齐语表明《学而》为齐鲁本。接下来，《乡党》篇中：

> 摄齐升堂，鞠躬如也，屏气似不息者。出降一等，逞颜色，怡怡如也。

"逞"字在《方言》中注为"快也"，同样说明这也是山东即齐地方言。[1] 又《乡党》中"乡人傩"的"傩"字，郑玄注为"《鲁》读'傩'为'献'"，但此字与《礼记·郊特牲》的"禓"字相同，《礼记》郑注"'禓'或为'献'，或为'傩'"。[2] "献"字与"禓"字或"傩"字一般来说形音均不相近，齐人将"献"的发音误作"莎"，而"禓""傩"（音那）与"莎"音近，据此推测，将"傩"读作"献"的必为齐人。而被认为最古的《鲁论》中作"献"字，大约是因为壁中真古文为"献"字（孔氏古文中作"傩"或为东汉人的改动），此处用的"献"字也为此篇是齐地传承经本提供证据。以上所说幸无大错的话，基本

1　参见黄家岱《论语多齐鲁方言述》。

2　参见陈乔枞《礼记郑读考》以及陈鳣《论语古训》。

可以认为《学而》《乡党》二篇为齐鲁二篇本。

那么，此二篇成立时代是何时呢？《学而》篇中有：

> 子曰："父在观其志，父没观其行；三年无改于父之道，可谓孝矣。"

此章前两句在郑本《卫灵公》篇中，后二句在《里仁》篇中各自独立出现，据此知《学而》的编纂者将原来分作两处的语句合在一章。此外，

> 子曰："君子不重则不威；学则不固。主忠信。无友不如己者。过则勿惮改。"

东条一堂在《论语知言》中认为，此章为将数语合为一章，每句均无关联。但结合"主忠信"以下一节又重复出现在《子罕》篇中，则可能是此篇编者将"君子不重则不威"与"学则不固"这两句相互独立的话归作另一章。又

> 子曰："导千乘之国，敬事而信，节用而爱人，使民以时。"

此章第一句与第四句的"国""时"两字押韵，第二句的"信"与第三句的"人"也押韵。若考虑古书押韵用例，隔着中间两句而押韵令人不解。且第四句的"民"字与第三句的"人"字意思相同却特意更换用词，综合来看则此章大约也是原本先有"导千乘之国，使民以时"，后加上"敬事而信，节用而爱人"。又据《史记·孔子世家》中记载齐景公问政于孔子时，孔子回答说"政在节财"，而所谓"节财"与此章中间两句意思相同，因此这也可能是附加了齐人所传孔子言论。不论如何，《学而》篇并非原原本本地记录下孔子言论，在编纂时还兼采其他时代的语录，可以证明此篇成立时间相对较晚。

《乡党》篇前半部分起于"孔子"，后半部分以"君子"开头。但后面的"君子"指的也是孔子，将孔子称为"君子"的用法见于《孟子·尽心下》以及《万章上》，《礼记·檀弓》篇、《礼运》篇，《论语·微子》篇末章等，相对较新。想来应该是孔子门下直传弟子称呼老师仅用"子"一字，而孔门以外的人或再传三传弟子则称其为"孔子"，随着孔子人格逐步抽象化，后人又称其为"君子"。因此，《乡党》篇中存在"孔子"和"君子"两种称谓暗示其兼采两种材料而成，收集这两种材料而合为一篇则应该成立于《孟子》等书之后。

此外，根据《孟子》《礼记》《论语·子张》篇的记载，孔子殁后不久，有子派与曾子派就因思想相异而互不相容，但《学而》篇公平地收录了这些对立派的言论。这说明此篇要么是孔子尚存时收录的，要么就是对立两派气氛缓和之后收录的。但据前文所列诸多理由，此篇显然无法上溯至孔子生存的时代，所以不得不认为其编纂于《孟子》以后，或许是孟子游历至齐国，齐鲁学派聚于一处之时编纂的。

五 《为政》至《泰伯》七篇为河间七篇本

通读《为政》至《子罕》，会感觉前七篇与最后的《子罕》篇略有不同。首先,前七篇均以篇首"子曰"之后的二字为篇名，只有《子罕》篇不同。其次,《子罕》篇共三十章，其中很多章疑为较为后世的文章。例如：

一、"子罕言利"：利是孔门弟子轻易不说之事，像孟子就极力排斥。儒家经典中说"利"的是《易》，孔子很少说利或与《易传》有关，这应该是较新近的文章。

二、"子绝四"章：分条叙述的例子在后十篇中很多，但上论中很少，此章应该与下论出自相同材料。

三、"子畏于匡"章：据《述而》篇，孔子的理想应为周公，此章"文王既没，文不在兹乎"，看起来孔子的目的似在以文王之文宪而章之，而以文王之文宪而章之是《公羊春秋》

的理想，所以此章或成立于《公羊》兴盛之时。并且《论语》用例中，通常第一人称代词主格和属格用"吾"，与格和对格用"我"，但此章中"匡人其如予何"却在对格用"予"字。"予"字用例还可见于《雍也》"子见南子"章《述而》"天生德于予"章，这些均是崔述提出质疑的章节，值得怀疑。

四、"太宰问于子贡"章：《列子·仲尼》篇、《韩非·说林》篇中有与此章相似的句子。且此章有"将圣"这个词，"将圣"即"大圣"之意，解作"大"的"将"字是燕之北鄙及齐、楚郊野的方言，此章也有那些地方流传的传说，令人怀疑可以采信到哪种程度。又此章结尾处有"牢曰：'子云："吾不试故艺"'"，但如俞樾所说，此处是增补上面"吾少也贱，故多能鄙事"的异文，视此也可明白此章收集各种材料而成。

五、"子曰凤鸟不至"章：凤鸟、河图这类故事是与《易传》关系颇深的谶纬说，所以此章应该也是和《易传》同一时期的文章。

六、"颜渊喟然叹"章：此章看起来是从《雍也》篇及《颜渊》篇的"博我以文，约我以礼"改写而来，也是《庄子·田子方》篇的蓝本，因此此章应成立于《雍也》篇等文之后。

七、"子曰知者不惑"章：如《雍也》篇"知者乐水，仁者乐山。知者动，仁者静"对举"知"与"仁"但也不及"勇"，此章中将"知仁勇"并列，与《宪问》篇及《中庸》"哀公问政"

章为同一时期。

八、"子曰可与共学"章：此章章末有"可与立，未可与权"，"权"字可见于《孟子》《公羊》《易传》。《孟子》将"权"和"礼"对用，《公羊》将"权"和"经"对用。此章"可与立"是立于礼之意，因此与《孟子》用法接近，或成立于《孟子》时期。

九、"唐棣之华"章：与《论语》章例相异，或为后人增补。

通览以上列举之处，可见《子罕》篇中后世材料颇多，但并非仅《子罕》篇，《论语》每篇末尾处似都有不可轻信的增补之章。据陆氏《释文》，《尧曰》篇末"不知命"章不见于《鲁论》；据皇氏《义疏》，《乡党》篇末"色斯举矣"章也不见于《古论》，这些很可能均为后人增补，这种增补在其他篇应该也甚多。即使只考虑《为政》以下七篇，《为政》篇末四章、《雍也》篇末三章也有可疑之处。又如《泰伯》篇似应在"子曰大哉尧之为君也"章就结尾，其后的"舜有臣五人"章与《逸周书·太子晋解》相似，其中没有"予""孔子曰"等字，与上论风格也不同，且之后的"禹吾无闲然矣"章从思想内容来看反而与墨家言论更近。因此，或许可以认为，从《为政》至《泰伯》赞美尧的部分为止大体是古老部分，《泰伯》篇末二章与《子罕》篇全为后人增补，又因为增补变多而将《子罕》篇独立出来。若果真如此，这一部类的《论语》原来为七篇，这不就是王充所谓河间七篇本吗？实际上《述而》篇中"文莫吾犹人也"

的"文莫"二字或许也可作"侔莫",意为黾勉,为燕之北郊的方言,因此这七篇明显曾流传至燕地。既已在燕地流传开来的话,传入河间,即邻国赵国也合乎情理,因此这七篇在汉初流入河间献王手中并为世人所知自然也就并非不可想象。因此,我将据此来考察河间七篇本。

然则河间七篇本是什么系统的文本呢?通览全书,《为政》篇写的是政治的根本在于孝友,接着的《八佾》篇讲的是应重礼尊礼,《里仁》篇写的是孔子之道一言以蔽之即仁,《公冶长》与《雍也》篇为评议门下弟子优劣高下,《述而》篇揭示孔子祖述之处,至《泰伯》篇连载曾子言论最后赞美尧、舜。从大体结构来看,这七篇无疑为曾子后学所传《论语》。再将其与《曾子》十篇(收入《大戴礼记》中)《子思子》四篇(即《礼记》中的《中庸》《表记》《坊记》《缁衣》四篇)以及《孟子》七篇相对照,其间类似章节很多,自然可认为这七篇是曾子思孟学派的文本。为避烦杂,此处不一一列举类似之处,仅列出章数,即《为政》七章、《八佾》四章、《里仁》五章、《公冶长》二章、《雍也》三章、《述而》一章、《泰伯》三章共计二十五章中有类似条目,特别是《泰伯》篇中列出了六条曾子之言,其后所举赞美尧、舜之辞也与《孟子·滕文公上》所引孔子之言完全相同。由此可以想象,这七篇是曾子、子思、孟子系统传承的孔子集语。不过,思、孟所传孔子言语未必一定就存于这七篇中，所以我们不能说这七篇就是思、孟所传之物，但可以说的是，这些应该是思孟系统的学者所传的《论语》。

六 下论十篇中齐人所传《论语》七篇

在上面三节中，我以王充《论衡》为基础论述了上论之中可以分出两种《论语》，接下来开始考察下论。所谓下论，指的是《先进》第十一、《颜渊》第十二、《子路》第十三、《宪问》第十四、《卫灵公》第十五、《季氏》第十六、《阳货》第十七、《微子》第十八、《子张》第十九、《尧曰》第二十这十篇，若据《古论》篇目，则其中《尧曰》下半部分独立出来为《子张》第二十一，计十一篇。仁斋先生将这些篇目综括之后，与上论十篇区别开来，并主张其为后人编纂。崔述在逐章考察后，从形式与内容上将其分为可信部分和可疑部分，其中判定为可疑章节最多的集中在《季氏》《阳货》《微子》三篇。通览下论，其他诸篇中"子曰"之处在《季氏》篇都变成"孔子曰"，这是显而易见的差异。接着，《季氏》篇与《阳货》篇中"君子有三戒""有三畏""六言六弊"等分条论述的章很多，与全书体例相异。再者，其中与《荀子》《韩诗外传》相同之辞颇多，也有与《孟子》一致的文辞，细致比较考察之后可以看出，此篇是编者从《孟子》中抽取出来的。又《微子》篇的内容多为称赞隐者之章，其中有与《庄子》完全相同的记述。这些很可能并非儒家，而是道家之徒假托孔子的言论。从这些点来考虑，《季氏》至《微子》三篇是与其他诸篇不同的附加材料，作为史料的价值似乎也相当低下。平心通读下论十篇，我认为《先进》《颜渊》《子路》《宪问》《卫灵公》《子张》《尧曰》七篇就是一部完整的孔子语录。特别是起首五篇记录孔子言论，《子张》篇记录门下弟子之言，《尧曰》篇论述自尧舜至孔子的道统。不过，这些篇目中难免有少许错乱之处，例如《宪问》篇"晨门荷蒉"章与《微子》篇文辞相似，《微子》篇末"周公谓鲁公"章以及"周有八士"章反而更像《尧曰》篇的脱简。这种错乱难以避免，故从整体上来说，《先进》至《卫灵公》五篇与《子张》《尧曰》二篇是下论中的古老部分，可以看作是一部单独的孔子语录。

试将这七篇与上论中存在的两种《论语》进行比较，可见种种差异。也就是说，最初在《先进》篇中先分出四科：

德行：颜渊、闵子骞、冉伯牛、仲弓。言语：宰我、子贡。政事：冉有、季路。文学：子游、子夏。

分别收集孔门诸子的问答，到中间变为以子路为中心，尤其是《子张》篇末尾处借叔孙武叔和陈子禽等人的话，将子贡抬至仲尼之上。结合河间七篇本以曾子为中心来想的话，此点颇可玩味。也就是《里仁》篇中说：

> 子曰："参乎！吾道一以贯之。"曾子曰："唯。"子出，门人问曰："何谓也？"曾子曰："夫子之道，忠恕而已矣。"

即曾子得授一贯之道，而《卫灵公》篇则说：

> 子曰："赐也，女以予为多学而识之者与？"对曰："然。非与？"曰："非也，予一以贯之。"
>
> 子贡问曰："有一言而可以终身行之者乎？"子曰："其恕乎！己所不欲，勿施于人。"

即子贡得授一贯之道。又《里仁》篇中说"管仲之器小哉"贬损管仲，但《宪问》篇中则说：

> 子贡问曰："管仲非仁者乎？桓公杀公子纠，不能死，又相之。"子曰："管仲相桓公，霸诸侯，一匡天下，民到于今受其赐。微管仲，吾其被发左衽矣！岂若匹夫匹妇之为谅也，自经于沟渎而莫之知也！"

即对管仲表示赞叹。子贡死于齐国，管仲又是齐国功臣，因此可想以子贡为主且赞赏管仲的《论语》是齐人所传。而调查这些篇中所用方言，有如下内容：

一、《先进》篇"求也为之聚敛而附益之"

聚敛为收集租税之意，"聚""敛"日文训读均为"あつむ"，但《方言》卷三中记载"萃、杂，集也，东齐曰'聚'"，故"聚敛"一词应为东齐之语。

二、《子路》篇"子曰无欲速"

《方言》卷二记载"速，疾也，东齐海岱之间曰速"，故"速"也是东齐之语。

三、《子张》篇"嘉善而矜不能"

"矜"字，与《公羊》宣公十五年传中"无闻君子见人之厄则矜之"的"矜"字同义，意为"怜也，哀也"。《方言》卷一载"矜、悼、怜，哀也，齐鲁之间曰矜，陈楚之间曰悼"，则这也是齐语。

四、《子张》篇"曾子曰：'上失其道，民散久矣，如得其情则哀矜而勿喜。'"

"矜"字是齐语已如上述。《方言》卷三记"虔、散，杀也，东齐曰散，青徐淮楚之间曰虔"，同书卷一记"虔、掠，杀也，晋魏河内之北谓掠曰残，楚谓之贪"，《说文解字》作【林女】"与"掠"同声，也即"民散"的"散"是贪残之义，并非分散之义，将"散"用于贪婪之义也是东齐之语。

五、《尧曰》篇"允执其中"

包咸云："允，信也。"《方言》卷一记载"齐鲁之间曰允"，则这也是齐语。

因此，从语言上也可以想象这是在齐国流传的《论语》。另外，这些篇中特别值得注意的是，第一人称代词在河间七篇本主格、属格是"吾"，与格、对格是"我"，而在这些篇中不区分格地都用了"予"字。这些或许也是由于方言的差异，但现在无法断言。又《宪问》篇说：

> 子曰："为（郑国之）命，裨谌草创之，世叔讨论之，行人子羽修饰之，东里子产润色之（故鲜有败事）。"
> 子曰："晋文公谲而不正，齐桓公正而不谲。"

对子产、子西、管仲等人的评语看起来也像是《春秋》说义之言。同篇中亦记有公明贾之言，此处的公明贾指《礼记·檀弓》篇的公羊贾，似是《公羊春秋》的经师公羊高、公羊平、公羊地等人的祖先。公羊学原本就是与孟子关系密切的学派，应该是在孟子游齐后传入齐并在此地兴盛起来，并于汉初书于竹帛之上。《宪问》篇这些记述可以说是公羊学的曙光。《先进》篇讲孔门四科的内容，与《孟子·公孙丑》篇中：

　　昔者窃闻之：子夏、子游、子张皆有圣人之一体，冉牛、
闵子、颜渊则具体而微。

　　宰我、子贡善为说辞，冉牛、闵子、颜渊善言德行。

相似但更为详密，据此我认为基本可以推断出这七篇的成立
年代。

七　提要

　　前文所述偶尔有走入歧路之感，总结起来只是以下三条：

　　一、现在的《论语》二十篇一般被认为是由《齐论》《鲁论》
《古论》三种文本融合而成，但所谓《齐论》和《鲁论》是将《古
论》的古文字写定为今字时产生的异本，也就是都以《古论》
为底本。

　　二、《古论》出现在西汉中期，在此之前还有齐鲁二篇本、
河间七篇本以及其他多种孔子语录。

　　三、解剖今本《论语》，《学而》《乡党》二篇为齐鲁二篇本，
《为政》至《泰伯》七篇为河间七篇本，且《先进》至《卫灵
公》五篇与《子张》《尧曰》二篇合起来七篇是独立的孔子语录，
为齐人所传《论语》。

　　其中第二条中的河间本为曾子孟子学派所传，最为古老，其次齐人所传的七篇本为殁于齐国的子贡为中心的学派所传，编纂时间应在《孟子》之后，而齐鲁二篇本是齐、鲁学派折中之产物，也应成立于《孟子》之后。而将这些不同的孔子语录辑成一部的著作即《古论》二十一篇，今本《论语》以此《古论》为源，仅有少许改动。后世也有与此版本流传路径相似的著述。比如《二程遗书》二十五卷是南宋大儒朱子辑录二程子言论的著作，但朱子并非最早辑录之人。朱子之前有多种书目，包括李端伯《师说》一卷、吕与叔《东见录》一卷、谢显道所录一卷、游定夫所录一卷、录者不详五卷、苏季明所录一卷、刘质夫所录四卷、《入关语录》一卷、刘远承录一卷、杨遵道录一卷、周伯忱录一卷、张绎录一卷、唐彦思录一卷、鲍若雨录一卷、邹德久本一卷、《畅潜道录》一卷以及其他录者不明数卷，朱子之书集大成而作，因此书中也可见文体不同之处。《朱子语录》中云"李端伯语录宏肆，刘质夫语记其髓"，又云"游录语慢，上蔡语险，刘质夫语简，永嘉诸公语絮"，也就是在说因笔录者不同文体也有所不同。不过，不仅是文章体裁，其内容当然也会因笔录者不同而多少有所变化。朱子编纂的《二程遗书》卷头有详细目录，列明了取材来源之原典，学者据此可查笔录者之个性，批判各部相异之处，从而窥见二程子的真面目。但《论语》二十篇并没有列明取材来源，所以后世学者不得不接受其矛盾之处，有无法触及真实孔子之憾。因此，我想试着修正文献误读之处，留意用词与文体的相异，阐明已混同为一的《论语》原典的区隔。

据《朱子语录》记载，《二程遗书》中"张思叔语录，多作文，故有失其本意处，不若只录语录为善"，今世《论语》中亦有令人怀疑重文而错意之处。将《公冶长》篇"颜渊季路侍"章与《先进》篇末"子路、曾皙、冉有、公西华侍坐"对照比较，大概就会了解文风差异如何之大，以及到底哪篇才反映当时的原貌。这种差异不仅仅体现在章与章之间，也如前面所述一样体现在各个部分的风格差异，在儒学发展史这一脉络中去考察这些风格差异，始能发现真正的孔子在何处，又是如何流传至今。

　　附记：此章是对昭和三年十二月十六日为纪念高濑醒轩先生还历而召开的中国学会大会上的演讲稿进行部分修订而成。

第三章

河间七篇本的思想

一 关于篇章次序的考察

　　现行《论语》上半部分顺序为《学而》第一、《为政》第二、《八佾》第三、《里仁》第四、《公冶长》第五、《雍也》第六、《述而》第七、《泰伯》第八、《子罕》第九、《乡党》第十。上章第五节中已经说过,《为政》第二至《泰伯》第八这七篇相当于王充所说的河间七篇本。但据皇侃《义疏》,《古论》篇目顺序以及篇内章次与现行本并不相同,《古论》顺序为《学而》第一、《乡党》第二、《雍也》第三。考察各篇内容,《雍也》篇收集门下弟子的人物月旦之语,对照下论最开始也为收集门人月旦评语的《先进》篇,可以想象河间七篇本最开始也应为《雍也》篇。但如此一来,就与同样以人物月旦评为主的《公冶长》

篇相隔较远，因此很可能现行本的篇次才是正确的。不论如何，可以确定古文《论语》与《鲁论》的篇次不同。并且同一篇内，古文与《鲁论》的章次也似乎有差异。据皇侃《义疏》，《古论》中《述而》篇无"子与是日哭则不歌不食于丧者侧"章，《子罕》篇无"主忠信"章，《乡党》篇无"山梁雌雉"章，《宪问》篇无"君子耻其言"章，《阳货》篇无"巧言"章，其他辞句错乱颠倒之处也颇多。因此调整各篇内部章次也并非一定是武断行为。据清朝学者崔述（号东壁，卒于嘉庆二十一年七十七岁时，著有《洙泗考信录》《论语余说》等，收入《崔东壁遗书》）的看法，现行《论语》中靠近篇末的章次多可疑。比如，靠近《雍也》篇末的"子见南子"章，被称为孔子的人与淫乱的夫人欲行其事是不可能发生的，或为后人增补而非《论语》原文。他还认为，不只是此章，如《乡党》篇末"色斯举矣"章、《先进》篇末"侍坐"章、《季氏》篇末"景公邦君"章、《微子》篇末"周公八士"章，无论文义还是文体都与篇中不同，很可能是后人续补。（《洙泗考信录》卷二）平心静气通读《论语》全文，我感觉崔述所言切中要害。因此接下来我不辞武断之訾加以臆测，修正章节顺序，并考察河间七篇本的内容。

二　《为政》篇的内容

为便于说明，首先先列出《为政》篇全文。[1]

《论语·为政》第二　凡二十四章

一　子曰："为政以德，譬如北辰居其所，而众星共之。"

二　子曰："诗三百，一言以蔽之，曰：'思无邪。'"

三　子曰："道之以政，齐之以刑，民免而无耻；道之以德，齐之以礼，有耻且格。"

四　子曰："吾十有五而志于学，三十而立，四十而不惑，五十而知天命，六十而耳顺，七十而从心所欲不逾矩。"

五　孟懿子问孝，子曰："无违。"樊迟御，子告之曰："孟孙问孝于我，我对曰无违。"樊迟曰："何谓也？"子曰："（父母）生事之以礼；死葬之以礼，祭之以礼。"

六　孟武伯问孝，子曰："（为）父母唯其疾之忧。"

七　子游问孝，子曰："今之孝者，是（祇）谓能养。（然）至于犬马，皆能有养，不敬何以别？"

1　作者此处引用的是基于自己所校《论语》版本的训读，见《武内义雄著作集》第二卷之《论语》。训读为日本独特的阅读古代典籍的方式，大致可以理解为近于文言的翻译，与当代白话译本不同。本书将训读还原为武内所校的《论语》原文，但保留作者所增加的便于理解的内容。下文引用《论语》原文皆是如此。——编注

八　子夏问孝，子曰："（和）色（侍奉）难。有事弟子服其劳；有酒食先生馔（才是师弟之道），曾是以为孝乎？"

九　子曰："吾与回言终日，不违如愚。（吾）退而省其私，亦足以发，回也不愚。"

十　子曰："视其所以（为），观其所由（经），察其所安，人焉廋哉？人焉廋哉？"

十一　子曰："温故而知新，可以为师矣。"

十二　子曰："君子不器。"

十三　子贡问君子。子曰："先行，其言而后从之。"

十四　子曰："君子周而不比，小人比而不周。"

十五　子曰："学而不思则罔，思而不学则殆。"

十六　子曰："攻乎异端，斯害也已。"

十七　子曰："由！诲女知之乎？知之为知之，不知为不知，是知也。"

十八　子张学干禄（道），子曰："多闻阙疑，慎言其余，则寡尤；多见阙殆，慎行其余，则寡悔。言寡尤行寡悔，禄在其中矣。"

十九　哀公问曰："何为则民服？"孔子对曰："举直（人）错诸枉（人），则民服；举枉（人）错诸直（人），则民不服。"

二十　季康子问："使民敬、忠以劝，如之何？"子曰：

"临之以庄则敬，孝慈则忠，举善而教不能则劝。"

二十一 或谓孔子曰："子奚不为政？"子曰："《书》云：'孝乎惟孝，友于兄弟。'施于有政（正），是亦为政，奚其为为政？"

二十二 子曰："人而无信，不知其可也。大车无輗，小车无軏，其何以行之哉？"

二十三 子张问："十世可知也？"子曰：殷因于夏礼，所损益可知也；周因于殷礼，所损益可知也。其或继周者，虽百世可知也。"

二十四 子曰："非其鬼而祭之，谄也。见义不为，无勇也。"

全篇共二十四章，第一章讲的是应以德为政的思想，至第三章继续展开，认为应当用德与礼教化百姓，但中间的第二章与前后毫无关系，似乎更应移至《泰伯》篇"兴于诗"章之后。接着的第四章为孔子自述生平阅历，这部分似应放在《述而》篇中。《述而》篇中多孔子自述，此章也是自述之一。接下来的第五章至第八章四章是论孝，应该接在第一章、第三章中论为政以德之后，说明德之根本在于孝。第九章是对孔门之中德行尤为优秀的颜回的赞赏之词，第十章及第十一章可以认为与前一章没有关联，但也可认为它接前章，是判定颜子不愚的方法，以及称赞他德行足以为师。接下来的第十二、十三、十四章则说明德行的践行者君子，第十五章至第十八章说的也是要成为君子的注意事项。而第十九、二十、二十一均为与政治有关的问答，特别是第二十章最全方位地论述为政的秘诀是庄、孝和推举善人，而第十九章说明了选用善人的方法，第二十一章说孝悌为政治的根本。因此，将第二十一章与第一章及第五、六、七、八诸章对照，知此章极力强调为政就在于构筑以孝道为中心的道德社会。其后的第二十二章说要重信，表明了为了将作为家庭道德的孝推及社会整体，就必须要人与人之间相互信任。因此，《为政》篇在第二十二章之处就应该结尾，其后二章很可能是错简，第二十三章似应排在《八佾》篇第八章之后，而第二十四章似应排在第十二章之后。

简而言之，《为政》篇讲的是孔子的教诲是以家庭内的道德即孝为本，并将之推及社会整体。

三 《八佾》篇的内容

如前讲述，孔子的教诲由孝出发，但为了将孝推及全社会就必须依靠礼。于是，《为政》篇第三章就说应该用德与礼去教化引导百姓，第二十章说治民须注意孝慈、庄敬与人才选用，第五章至第八章数章则说明孝道，但未说明礼。因此《八佾》篇就特别对礼进行详细说明。

《八佾》篇由二十六章组成，大部分是与礼有关的话，不时也出现对于乐的批评，整体上可以看作是对礼的说明。不过现行本章次似乎错乱，若按下文这样整理则文义更为明了。下文所列各章，章前数字为重新排列后的次序，章末括号中的数字为原章节次序。

《论语·八佾》第三　凡二十六章

一　孔子谓季氏："（天子祭宗庙有八佾，季氏也）八佾舞于庭，是可忍也，孰不可忍也？"（一）

二　（天子祭宗庙歌《雍》撤俎，今）三家者以《雍》撤，子曰："（《雍》言）'相维辟公，天子穆穆'，（此意）奚取三家之堂？"（二）

三　林放问礼之本，子曰："大哉问！礼与其奢也宁俭，丧与其易也宁戚。"（四）

四　子曰："居上不宽，为礼不敬，临丧不哀，吾何以观之哉？"（二十六）

五　季氏旅于泰山。子谓冉有曰："汝不能救与？"对曰："不能。"子曰："呜呼！（然）曾谓泰山不如林放

乎？"（六）

六　子曰："管仲之器小哉！"或曰："管仲俭乎？"
曰："管氏有三归，官事不摄，焉得俭？""然则管仲
知礼乎？"曰："邦君树塞门，管氏亦树塞门；邦君为
两君之好有反坫，管氏亦有反坫。管氏而知礼，孰不
知礼？"（二十二）

七（哀公四年，亳社灾）哀公（欲修之）问社（树）
于宰我，宰我对曰："夏后氏以松，殷人以柏，周人以栗，
曰使民战栗。"子闻之（戒宰我轻躁）曰："成事不说，
遂事不谏，既往不咎。"（二十一）

八　子张问："十世可知也？"子曰：殷因于夏礼，
所损益可知也；周因于殷礼，所损益可知也。其或继周者，
虽百世可知也。"（《为政》二十三）

九　子曰："夏礼吾能言之，杞不足征也；殷礼吾能
言之，宋不足征也。文献（贤）不足故也，足则吾能征之矣。"
（九）

十　子曰："周监于二代，郁郁乎文哉！吾从周。"
（十四）

十一　子曰："禘自既灌而往者，吾不欲观之矣。"
（十）

十二　或问禘之说。子曰："不知也。知其说者之于

天下（之事）也，其如示诸斯乎！"指其掌。（十一）

十三　祭如在，祭神如神在。子曰："吾不与祭，如不祭。"（十二）

十四　子曰："非其鬼而祭之，谄也。见义不为，无勇也。"（《为政》二十四）

十五　王孙贾问曰："'与其媚于奥，宁媚于灶'，何谓？"子曰："不然，获罪于天，无所祷也。"（十三）

十六　子入太庙，每事问。或曰："孰谓鄹人之子知礼乎？入太庙，每事问。"子闻之曰："是礼也。"（十五）

十七　子曰："君子无所争，必也射乎！（若）揖让而升下，而饮，其争也君子。"（七）

十八　子曰："射不主皮，为力不同科，古之道也。"（十六）

十九　子贡欲去告朔之饩羊，子曰："赐也！汝爱其羊，我爱其礼。"（十七）

二十　子曰："事君尽礼，人以为谄。"（十八）

二十一　定公问："君使臣，臣事君，如之何？"孔子对曰："君使臣以礼，臣事君以忠。"（十九）

二十二　子曰：《关雎》乐而不淫，哀而不伤。"（二十）

二十三　子语鲁大师乐曰："乐其可知也。始作翕如也，从之纯如也，皦如也，绎如也，以成。"（二十三）

二十四　子谓《韶》:"尽美矣,又尽善也。"谓《武》:"尽美矣,未尽善也。"(二十五)

二十五　子夏问曰:"'巧笑倩兮,美目盼兮,素以为绚兮。'何谓也?"子曰:"绘事后素。"曰:"礼后乎?"子曰:"起予者,商也始可与言《诗》已矣。"(八)

二十六　子曰:"人而不仁,如礼何?人而不仁,如乐何?"(三)

附一　子曰:"夷狄之有君,不如诸夏之亡也。"(五)

附二　(孔子过仪之邑)仪封人请见,曰:"君子之至于斯者,吾未尝不得见也。"从者见之。出曰:"二三子何患于丧乎?天下之无道久矣,天将以夫子为木铎。"(二十四)

通览以上诸章,第一章记季氏僭礼,第二章记三桓氏僭礼,第三、第四、第五这三章相互关联,指责冉有不能阻止季氏的僭礼行为,第六章则论述管仲骄奢的行为不合乎礼。要言之,前六章都在感叹周末仪礼崩坏。

第七章鲁哀公提问修复亳社该种什么树,宰我回答三代礼制不同,其后三章均为讲解三代礼制的变化,主张周礼最为完备,表明孔子推崇周礼。

第十一章至第二十一章诸章记录关于周礼之中禘祭之礼、

射礼、告朔之礼的问答，最后设鲁定公之提问以论虽为君主对臣下也必须以礼相待，说明礼的重要性。第二十二章至第二十四章这三章论乐，到第二十五章则论礼的精神比形式更为重要，第二十六章论礼乐之精神在于"仁"字。

《八佾》篇内容大致如上，但最后附记的两章不知该放在《八佾》篇中何处。附记第一章古来有两种读解方法。第一种读为"夷狄亦有君，不如诸夏之亡"，从朱注。第二种读为"夷狄纵有君，不如诸夏之亡"，从邢疏。按照前说，此章为感叹春秋时期秦楚逐渐强大，中国诸侯的权力落入陪臣之手，看起来是在暗暗指责季氏僭礼、三桓氏横暴；按照后说，则是说中国存先王之礼，虽国力衰退也有夷狄不能及之长处。上面两种说法不知道哪种正确，故将其附记在篇末。

附记第二章是仪的封人对孔子的评语，仪在今天开封东兰仪县之地，当时是卫国的西南国境，因此此章大概是孔子游历卫、陈之时的事情，其内容与礼无关，或为后人将后世材料附记而成，与《八佾》篇没有关系。

要而言之，《八佾》篇整体上在说礼的重要性，礼以仁为本，故说"人而不仁，如礼何？"倡礼的精神就是仁。而反复说明"仁"字的是下面的《里仁》篇。

四 《里仁》篇的内容

《里仁》篇也由二十六章构成，其篇末毫无秩序地罗列各种语句，而前半部分均为仁的说明。在此列出其全文，如下所示：

《论语·里仁》第四　凡二十六章

一　子曰："里仁为美。择不处仁，焉得知？"

二　子曰："不仁者，不可以久处约，不可以长处乐。仁者安仁，知者利仁。"

三　子曰："唯仁者能好人，能恶人。"

四　子曰："苟志于仁矣，无恶也。"

五　子曰："富与贵，是人之所欲也，不以其道，得之不处也；贫与贱，是人之所恶也，不以其道，得之不去也。君子去仁，恶乎成名？君子无终食之间违仁，造次必于是，颠沛必于是。"

六　子曰："我未见好仁者恶不仁者。好仁者无以尚之，恶不仁者其为仁矣，不使不仁者加乎其身。有能一日用其力于仁矣乎？我未见力不足者。盖有之乎，我未之见也。"

七　子曰："民之过也，各于其党。（故）观过斯知仁矣。"

八　子曰："朝闻道，夕死可矣。"

九　子曰："士志于道,而耻恶衣恶食者,未足与议也。"

十　子曰："君子之于天下也,无适（敌）也无莫（慕）也，义之与比。"

十一　子曰："君子怀德，小人怀土；君子怀刑，小人怀惠。"

十二　子曰："放（依）于利而行，多怨。"

十三　子曰："能以礼让为国乎？（于从政）何有？不能以礼让为国，如礼何？"

十四　子曰："不患无位，患所以立；不患莫己知，求为可知也。"

十五　子曰："参乎！吾道一以贯之。"曾子曰："唯。"子出。门人问（曾子）曰："何谓也？"曾子曰："夫子之道，忠恕而已矣。"

十六　子曰："君子喻于义，小人喻于利。"

十七　子曰："见贤思齐焉，见不贤而内自省也。"

十八　子曰："事父母几谏。见志不从，又敬不违，劳而不怨。"

十九　子曰："父母在不远游。游必有方。"

二十　子曰："三年无改于父之道，可谓孝矣。"

二十一　子曰："父母之年，不可不知也。一则以喜，一则以惧。"

二十二 子曰："古者言之不出，耻躬之不逮也。"

二十三 子曰："以约（俭约）失（过）之者鲜矣。"

二十四 子曰："君子欲讷于言而敏于行。"

二十五 子曰："德不孤，必有邻。"

二十六 子游曰："事君数（责），斯辱矣；朋友数，斯疏矣。"

以上二十六章，最开始的七章都在说仁，特别是第五章先说富贵是人之所欲，应以其道得之，贫贱是人之所恶，也必须以其道去之。接着说所谓"道"就是仁，教诲弟子君子之所以被称为君子皆不出于"仁"字。于是第八章与第九章论道，但所谓的道不过是仁的别名。接下来的第十、十一、十六、二十二、二十四诸章都在说明君子，但君子即仁的实践者，所以也可以看作是间接地说明仁。第十五章中孔子说"吾道一以贯之"，而门人曾子解释说"夫子之道，忠恕而已矣"。由此可知这里所谓的孔子之道就是仁道，践行仁道只有忠恕一法。"忠"字由"中"字和"心"字组合而成，意思是直面自己的内心而不欺，"恕"由"如"字和"心"字组合而成，即以己所欲譬诸他人的同情心。《雍也》篇中说"夫仁者，己欲立而立人，己欲达而达人。能近取譬，可谓仁之方也已"。"己欲立而立人，己欲达而达人"是"恕"，而"近取譬"即为"忠"。因此"忠"和"恕"本是两件事，相依相凭则成了践行仁的方法，所以"夫子之道，忠恕而已矣"。要而言之，《里仁》篇二十六章的中心部分是第五章和第十五章，前者论"仁"的重要性，后者说明其践行方法。而后面的第十八章至第二十一章这四章论孝，但这应该是在说仁道的具体行为始于孝。

《为政》《八佾》《里仁》三篇是河间七篇本《论语》的中心部分，由此可知，孔子之道在于"仁"字，其践行方法不出"忠恕"二字。仁的具体行为孝，孝是父母与子女之间真情实感的体现，是"忠恕"的模范形态。因此孔子以孝为仁之始，将这种道德教化推及全社会便是政治。而为了将孝推及全社会，精神上就必须要有"信"，形式上"礼"就至关重要。所以，《为政》篇末尾说"人而无信,不知其可也"即强调"信"，而《八佾》篇则详细论述了"礼"。

五 《公冶长》篇与《雍也》篇的内容

《公冶长》《雍也》两篇辑录人物月旦评语，其中被点评的孔门弟子包括公冶长、南容、宓子贱、子贡、漆雕开、子路、冉求、公西赤、宰予、仲弓、颜渊、原思、闵子骞、冉有、子夏、子游等十数人，但最重要的是颜回和子路。若将孔子对颜回的品藻列出，如下所示：

> 哀公问："弟子孰为好学？"孔子对曰："有颜回者，好学不迁怒，不贰过，不幸短命死矣！今也则未闻好学者也。"（《雍也》三）
>
> 子曰："贤哉，回也！一箪食，一瓢饮，在陋巷。人不堪其忧，回也不改其乐。贤哉，回也！"（《雍也》十一）
>
> 子曰："回也，其心三月不违仁，其余（之德）则日月至焉而已矣。"（《雍也》七）
>
> 子谓子贡曰："汝与回也孰愈？"对曰："赐也，何敢望回？回也闻一以知十，赐也闻一以知二。"子曰："弗如也，吾与汝弗如也。"（《公冶长》九）

细读上面四章，可知孔子如何爱惜和重视颜回。想来颜回拥有闻一知十的才能，却不求名利而身居陋巷潜心治学，孔子不曾推许谁为"仁者"却唯独以此称赞颜回，可见颜回德行有多出众。孔子悲其短命早夭，也在情理之中。

孔子对子路的重视似乎不及颜回，但爱惜之情绝对不在颜回之下。

子路有闻，未能行，唯恐有闻。(《公冶长》十四)

子曰："道不行，乘桴浮于海。从我者其由与？"子路闻之喜。子曰："由也好勇过我，无所取材。"(《公冶长》七)

从上面两章可以读出，子路是个有良心且性格极其果敢的人。

子谓颜渊曰："用之则行，舍之则藏，唯我与尔有是夫！"子路曰："子行三军，则谁与？"子曰："暴虎冯河，死而无悔者，吾不与也。必也临事而惧好谋而成者也。"(《述而》十)

颜渊、季路侍。子曰："盍各言尔志？"子路曰："愿车马衣裘，与朋友共敝之而无憾。"颜渊曰："愿无伐善，无施劳。"子路曰："愿闻子之志。"子曰："老者安之，朋友信之，少者怀之。"(《公冶长》二十七)

结合这两章，可以想象出孔子一方面抑制子路好勇易出事的性格，另一方面又与爱惜颜渊一样爱惜他。《公冶长》《雍也》两篇中尤以颜回和子路为主角，暗示河间七篇本可能与这两人有某种特殊渊源。

六 《述而》篇与《泰伯》篇的内容

《述而》篇共由三十八章构成，内容主要是辑录孔子的自述以及亲受孔子教益的门人讲述的所见所闻。

《论语·述而》第七　凡三十八章

一　子曰："述而不作，信而好古，窃比我于老彭。"

二　子曰："默而识之，学而不厌，诲人不倦，何有于我哉？"

三　子曰："德之不修，学之不讲，闻义不能徙，不善不能改，是吾忧也。"

〇四　子之燕居，申申如也，夭夭如也。

五　子曰："甚矣吾衰也！久矣吾不复梦见周公。"

△六　子曰："（士）志于道，据于德，依于仁，游于艺。"

七　子曰："自行束脩以上，吾未尝无诲焉。"

八　子曰："不愤不启，不悱不发，举一隅而示之，不以三隅反，则不复（教）也。"

〇九　子食于有丧者之侧，未尝饱也。子于是日哭，则不歌。

十　子谓颜渊曰："用之则行，舍之则藏，唯我与尔有是夫！"子路曰："子行三军，则谁与？"子曰："暴虎凭河，死而无悔者，吾不与也。必也临事而惧好谋而成者也。"

十一　子曰："富而可求也，虽执鞭之士，吾亦为之。如不可求，从吾所好。"

○十二　子之所慎：齐、战、疾。

十三　子在齐，闻《韶》三月不知肉味。曰："不图为乐之至于斯也！"

十四　冉有曰："夫子为（助）卫君乎？"子贡曰："诺。吾将问之。"入曰："伯夷、叔齐何人也？"曰："古之贤人也。"曰："怨乎？"曰："求仁而得仁，又何怨。"出曰："夫子不为也。"

十五　子曰："饭疏食饮水，曲肱而枕之，乐亦在其中矣。不义而富且贵，于我如浮云。"

十六　子曰："加我数年，五十以学，易（亦）可以无大过矣。"

○十七　子所雅言，《诗》《书》,执礼（者）皆雅言（之）也。

十八　叶公问孔子于子路，子路不对。子曰："汝奚不曰，其为人也，发愤忘食，乐以忘忧，不知老之将至云尔。"

十九　子曰："我非生而知之者，好古敏而求之者也。"

○二十　子不语怪、力、乱、神。

二十一　子曰："我三人行，必得我师焉。择其善者而从之，其不善者而改之。"

△二十二　子曰："天生德于予，桓魋其如予何？"

二十三　子曰："二三子以我为隐乎？吾无隐乎尔。吾无行而不与二三子者，是丘（之心）也。"

○二十四　子以四教：文、行、忠、信。

二十五　子曰："圣人，吾不得而见之矣，得见君子者斯可矣。"

二十六　子曰："善人吾不得而见之矣，得见有恒者斯可矣。亡而为有，虚而为盈，约而为泰，难乎有恒矣。"

○二十七　子钓而不纲，弋（飞鸟）不射宿（鸟）。

二十八　子曰："盖有不知而作之者，我无是也。多闻择其善者而从之，多见而识之，知之次也。"

二十九　互乡难与言童子见，门人惑。子曰："与其进也，不与其退也，唯何甚？人洁己以进，与其洁也，不保其（往日之）往也。"

△三十　子曰："仁远乎哉？我欲仁，斯仁至矣。"

三十一　陈司败问："昭公知礼乎？"孔子曰："知礼。"孔子退，揖巫马期而进之曰："吾闻，君子不党，君子亦党乎？君娶于吴，为同姓谓之吴孟子。君而知礼，孰不知礼?"巫马期以告。子曰:"丘也幸,苟有过,人必知之。"

〇三十二 子与人歌而善,必使反之而后和之。

三十三 子曰:"文莫(黾勉)吾犹人也。躬行君子,则吾未之有得。"

三十四 子曰:"若圣与仁则吾岂敢?抑为之不厌,诲人不倦,则可谓云尔已矣。"公西华曰:"正(诚)唯弟子不能学也。"

三十五 子疾,子路请祷。子曰:"有诸?"子路对曰:"有之。诔曰:'祷尔于上下神祇。'"子曰:"丘之祷久矣。"

△三十六 子曰:"奢则不孙,俭则固。与其不逊也宁固。"

〇三十七 子曰:"君子坦荡荡,小人长戚戚。"

〇三十八 子温而厉,威而不猛,恭而安。

以上为《述而》篇全文,其中前面加△的第六、二十二、三十、三十六章文风略有不同,可能是其他篇的错简;前面加〇诸章如四、九、十二、十七、二十、二十四、二十七、三十二、三十七、三十八则为孔门弟子记录亲身所见;其他诸章均为孔子自述。综合孔子自述与门下弟子见闻,孔子的鲜活面貌跃然纸上。

第二章与第三十章文义相同,都是说孔子如何好学、如何热心教育门下弟子。第三章与第三十三章则表明孔子所谓学问并非只在纸上，还伴随着人生实践。而《为政》篇以下一章展现的就是这个修养的过程：

> 子曰："吾十有五而志于学，三十而立，四十而不惑，五十而知天命，六十而耳顺，七十而从心所欲不逾矩。"（《为政》四）

上面所说的"吾十有五而志于学"是当时一般的求学年龄，并非仅限于孔子，但值得注意的是，在三十、四十、五十等年龄积生涯之努力进入大圣之域是孔子之所以成为孔子的原因。"三十而立"的"立"字从"兴于诗，立于礼"（《泰伯》），"不知礼，无以立也"（《尧曰》）等用例可推知为"立于礼"之意，应该是志学以来经过十五年的钻研而理解周公之礼的意思。"四十而不惑"的"不惑"二字与"知者不惑"（《子罕》《宪问》）的"不惑"同义，表明智识和判断能力的成熟。"五十而知天命"与《尧曰》篇"不知命，无以为君子也"的"知命"同义，《韩诗外传》卷六中解释这个词时说，知命即"知天之所以命生"，也就是人出生时就已被先天性地赋予了道德性，自觉到这种道德性就是知命或者知天命。孔子从未说过"性"与"天道"，孟子所谓的"性"在《论语》中被称为"德"。"德"就是得的意思，代表人先天的、与生俱来的东西，孔子认为这种人与生俱来的东西即"知"和"仁"二者。因此，若"四十不惑"当"知者不惑"，则"五十知天命"与"仁者不忧"意思相近。接着"六十而耳顺"的"耳顺"二字与逆耳相对，他人所说不合自己心意就是逆耳，那么能完全听进去他人所说就是耳顺。要达到耳顺的境界看起来很容易，但实际上极其艰难，孔子这样的圣人要完全达到也需要六十年的努力。而要达到不费力即可随心所欲而不逾矩的境界，则需要到七十岁。要而言之，孔子之所以能成为孔子是毕生努力修养的结果，而绝不是生来即为圣人。

上面已经讲过孔子好学且勤于修养，但他同时也热心指导、提拔后进，这可见于第七章与第二十九章。第八章说他的教育方针启发性，第二十四章则说他进行何种教育。第二十四章并非孔子本人所说，不过应该是其门下弟子亲眼所见，所以可信度很高。据此可知，孔子教导弟子"文""行""忠""信"四项内容，但"文""行""忠""信"代表什么并不清楚，为弄清其意义我们不得不借助其他文献。《大戴礼·卫将军文子》篇将此章文义展开说明为：

　　夫子之施教也，先以诗世，道者孝悌，说之以义，而观诸礼，成之以文德。

《家语·弟子行》篇中亦有如下记述：

> 孔子之施教也，先之以《诗》《书》，导之以孝悌，说之以仁义，观之以礼乐，然后成之以文德。

当然《家语》是王肃杂采《大戴礼》而修订之书，但今本《大戴礼记》谬误颇多，反而有很多地方可以通过《家语》窥见王肃那时的《大戴礼记》。如这一节，将两者对照，修订内容后训读如下：

> 夫子施教时，先以《诗》《书》教导孝悌，说之以仁义，观之以礼，成之以文德。

与《论语》中的四教对照，《论语》的"文"对应《大戴礼记》的《诗》《书》，"行"对应孝悌，"忠""信"对应义。

第一的"文"指的是《诗》《书》，这从《论语》全篇来看可被证明。后世儒家尊《诗》《书》《易》《礼》《乐》《春秋》为六部经典著作，称之为"六经"。但孔子那时，推崇礼乐不过是将其作为祭祀活动，应该并未形成文献。《春秋》为孔子修订，虽在孔门诸弟子之间被推崇，但孔子本人未将其视为经典。不过《易》在《述而》篇第十六章中有如下记述：

子曰："加我数年，五十以学易，可以无大过矣。"

《史记》也据此处说孔子晚年喜《易》，读《易》韦编三绝。后世学者甚至传说孔子晚年好《易》而作《十翼》，但诚如宋代欧阳修所说，《十翼》不可能是孔子所作。《史记》中所记载的孔子晚年好《易》之事可能只是沿用汉代《论语》学派中某派《古论》家的说法，并非绝对正确。而与之对立的其他学派，如《鲁论》派将此章中的"易"字读作"亦"，解释为如有数年时间余裕的话，即使五十岁开始治学也可到达无大过的境界。汉代外黄令高彪的碑铭刻有"恬虚守约，五十以敩"之句，"五十以敩"的"敩"字即为"学"的古字，而"学"字与上半句的"约"押韵，由此可断定应读作"五十以学"，则它明显来自《论语》这一章。由此句推知，《论语》中的"易"字在读解时应属于下句，必须读作"亦"。再结合《论语》全书中除此之外并无推崇《易》之言论，孔门诸弟子也从未言及《易》，可以认为孔子并未将《易》视为经典。因此，《论语》中被推崇为经典的仅有《诗》《书》二书。而且，《述而》篇中有云"子所雅言，《诗》《书》"，《为政》篇中则据《书》证明政治道德的根本在于孝友，《八佾》篇中也据《诗》论礼为忠信之先。因此，可以说孔子所谓"文"指的就是《诗》《书》。

第二的"行"即孝悌，由《学而》篇中"孝悌也者，其为仁之本"，以及"入则孝，出则悌，行有余力，则以学文"也可证明，但《为政》篇引用《书》论孝友为政治道德之根本，提供了更强而有力的依据。《书》，也就是《尚书》，是辑录古代帝王的诏书敕令的著作，上至尧、舜，下至《秦誓》，不过主要内容是记录周公训诫的"五诰"之类，其中的《康诰》说的就是人类道德之根本在于孝和友。《为政》篇引用逸书之文"孝乎惟孝，友于兄弟"二句并不见于现存《尚书》之中，大约其原书是与《康诰》等同一系统的训言。《尚书》中所说的孝友之德目在孔子那个时代称作孝悌，但实质意义并无变化。盖孔子仰慕周公，想推行周公之道，所以他极力强调孝悌也是沿袭周公之训。

第三的"忠"与第四的"信"二字日文都训读为"まこと"，前者由"中""心"二字组成，意为自己内省不自欺；后者由"人""言"组成，意为履行与他人的约定。也即前者为自我修养的根本原则，后者为社会道德的基调。孔子的仁道尽于此二字，因此孔子门人曾子称"夫子之道，忠恕而已"，孔子自己也说"人而无信，不知其可"，极力推崇忠信。忠信一言而蔽之，即诚之道，也就是《诗》的精神。因此，《为政》篇中有云："诗三百，一言以蔽之，曰：'思无邪'"。"思无邪"一句出自《鲁颂·駉》篇，归根结底也是重视忠信之意。

简言之，《诗》《书》是孔门的教科书，孔子以《诗》培养学生忠信的情操，以《书》教导孝悌的行为，孝悌与忠信也就是《诗》《书》之义。所以《大戴礼》中说"夫子施教时，先以《诗》《书》教导孝悌，说之以仁义，观之以礼"。"说之以仁义，观之以礼"即倡导忠信之义，劝导弟子践行礼。

孔子之教以《诗》《书》为基础，绝非孔子自身的新说。因此《述而》篇开头直言："述而不作，信而好古，窃比于我老彭。"据《大戴礼·虞戴德》篇记载，老彭是殷之贤人，包咸据此注曰"老彭，殷贤大夫"，郑玄则解释为老聃、彭祖二人。两种说法孰是孰非暂时无法下定论，但孔子祖述古代贤人的想法而非自己作为之事在《述而》第二十八章也可以得到印证：

（时人多妄作篇籍）子曰："盖有不知而作之者，我无是也。多闻择其善者而从之，多见而（择其善者）识之，（非此知则）知之次也。"

那么，孔子祖述的又是何人呢？《述而》篇第五章提到他少时经常梦见周公，则他大约祖述的是周公。周公为文王之子，武王之弟，是辅佐成王、为周王朝统治奠定基础的大政治家。其子伯禽为鲁国建国之祖，孔子又是鲁国人，则孔子推崇并祖述周公也是理所当然。因此，我们可以理解孔夫子在春秋季世之时，祖述周公而想重返往昔的周朝盛德之时。《泰伯》篇有：

子曰："巍巍乎！舜禹之有天下也，而（委任贤臣，身事）不与焉。"（《泰伯》十八）

子曰："大哉，尧之为君也！巍巍乎唯天为大，唯尧则之。荡荡乎民无能名焉。巍巍乎其有成功也；焕乎其有文章！"（《泰伯》十九）

舜有臣五人而天下治。武王曰："予有乱臣（治乱之臣）十人。"孔子曰："（得人）才难,不其然乎？唐虞之际（后），于斯（周）为盛。（然尤）有妇人焉，（男子）九人而已。（文王为西伯，有圣德）三分天下有其二，以服事殷。周之德，其可谓至德也已矣。"（《泰伯》二十）

子曰："禹吾无间（非）然矣。菲饮食而致孝乎鬼神，恶衣服而致美乎黻冕，卑宫室而尽力乎沟洫。禹吾无间然矣。"（《泰伯》二十一）

此处不仅暗示孔子极力推崇尧舜、文武并祖述效法他们，似乎还称赞禹之德行并怀以满腔敬意。不过冷静思考之后，这最后一章借禹强调右鬼、节用、勤俭之说，与墨家的主张一致，或为墨家流行之后增补之语，并非《论语》原文。这一章正好排在《泰伯》篇最后，也是判断其为后人增补的理由之一。赞美尧、舜的两章在《孟子·滕文公上》中作：

> 孔子曰："大哉，尧之为君！惟天为大，惟尧则之，荡荡乎民无能名焉！君哉，舜也！巍巍乎有天下而不与焉！"

对比思考，《论语》和《孟子》仅有两点不同，即记载顺序不同，以及《孟子》中仅有"君哉，舜也！"即只赞颂舜一人，而《论语》中曰"巍巍乎舜禹之有天下也"一并称赞了禹，除此之外两者是完全相同的文章。大约《论语》原本只赞颂舜而未提到禹，后来加上"禹吾无间然矣"章时，此章也被改为并称舜、禹。

接下来赞颂周之至德的一章，先引出舜有臣五人、武王有臣十人来感叹人才难得，然后称赞周之至德，但据《吕氏春秋·古乐》篇记载，三分天下而保其二，且服事于殷是文王的事迹，而非武王的，则今本《论语》在此事上或有脱误。因此我据《吕氏春秋》补上"文王为西伯，有圣德"一句。将其看作对文王的赞美之词，则我们必然会联系到《子罕》篇第五章：

> 子畏于匡。曰："文王既没，文不在兹乎？天之将丧斯文也，后死者不得与于斯文也；天之未丧斯文，匡人其如予何？"（《子罕》五）

由此看来，孔子是将自己视为文王的继承者，但这与他在《述而》篇中以周公为志且梦寐之间亦不忘相矛盾。儒家以文王为理想来自于信奉《公羊春秋》的一派，或许这些章都是公羊派兴盛之后——也就是孟子游齐之后——所增补的。河间七篇本《论语》中一直称呼孔子为"子"一字，此章却记为"孔子曰"，河间七篇本第一人称代词常用"吾""我"而这些章中用"予"，均可作为后人增补之证据。

要而言之，读《述而》《泰伯》两篇，可知孔子最初以周公为理想，后又以尧、舜为理想，再后来以文王为理想。视尧、舜为理想应该是《孟子》时代，以文王为理想则可能为更后面的时代。从周末思想界大势来推测，似乎孔子起于鲁并将鲁国建国之祖周公立为理想，后墨家兴起抬出夏禹，儒家也不甘示弱又上溯至更古时代抬出尧、舜，接着《公羊春秋》派抬头后开始推崇文王。其后的儒家将这些综合起来，称孔子是祖述尧舜、宪章文武之人，但孔夫子本人是以复兴周公作为理想。我们根据《述而》《泰伯》两篇可以窥见儒教理想的推移，理解其道统说的成立过程，同时也可以想象出这些篇都是由何种系统的学派所传。

七　提要

前文已述，据河间七篇本，孔门诸弟子之中最受重视的是颜回。据《公冶长》篇第二十七"言志"章，颜回之志尽在"愿无伐善，无施劳"二句，《述而》篇更展开其意：

> 子曰："圣人吾不得而见之矣，得见君子者斯可矣。"（《述而》二十五）
>
> 子曰："善人吾不得而见之矣，得见有恒者斯可矣。亡而为有，虚而为盈，约而为泰，难乎有恒矣。"（《述而》二十六）

以上内容今本《论语》分为两章，《诗》中《宾之初筵》正义引用此处，将后章的"子曰"作"又曰"并合为一章。从句例推测，确实应该合为一章。那么这一章中的"亡而为有，虚而为盈，约而为泰"三句也就是颜回用来自戒的"愿无伐善，无施劳"之意。《泰伯》篇第三章至第七章这四章连载曾子的言论，其中一章有云：

> 曾子曰："以能问于不能，以多问于寡；有若无，实若虚。犯而不校，昔者吾友尝从事于斯矣。"（《泰伯》五）

　　这与上文所引《述而》篇的话相应,章末"昔者吾友尝从事于斯矣"的"吾友"据马融注指的是颜回。《大戴礼·曾子疾病》篇曾子给其子曾元、曾华留遗言,以"吾无夫颜子之言,何以语汝哉"开头,则显然曾子推崇颜渊,而从此章之意与"颜渊言志"章一致来看,可知马融的猜想并没错。综合河间七篇本中孔门诸弟子中颜回最受推崇,《泰伯》篇连引曾子之语,其中又有推崇颜回并自任为其继承者的内容,以及其后赞美尧、舜之辞与《孟子》所引相符等来看,这七篇是由曾子、子思、孟子学派所传的《论语》,之所以被称为河间七篇本,可能是因为它是汉初从河间献王之手流传于世的文本。河间献王是孝景皇帝之子,好学而以金帛求古书,故四方学者争相集于门下,献上祖传旧书献,据说其藏书之丰可与汉朝廷相匹敌,所得之书也均为先秦古文旧籍,有《周官》《尚书》《礼》《礼记》《孟子》《老子》之属,"皆经传说记,七十子之徒所论"之类。河间七篇本《论语》大约也是"经传说记"之一,与《孟子》同时收入献王之手,故应该是曾子、孟子学派所传孔子语录。

第四章

下论十篇中的七篇为齐人所传《论语》

一 上论与下论的区别

前文已述，仁斋先生将《论语》二十篇分为上论和下论，并认为下论为后人续编的上论补遗，清儒崔东壁也与仁斋持同样的意见。他认为，《论语》前十篇均为有子、曾子门人所记，当时礼制尚备故记载体例完整，而后十篇为后人续补故体例混乱(《东壁遗书·论语余说》)。以上是极为概括性的说明，他还详细指出后十篇中，特别是最后五篇——《季氏》《阳货》《微子》《子张》《尧曰》——均不佳，并对这五篇的内容进行了如下批判：

一、《季氏》篇文多俳偶，全与他篇不伦，而《颛臾》

一章至与经传抵捂。

二、《微子》篇杂记古今轶事，有与圣门绝无涉者，而《楚狂》三章语意乃类庄周，皆不似孔氏遗书。且"孔子"者对君大夫之称，自言与门人言则但称"子"，此《论语》体例也；而《季氏》篇章首皆称"孔子"，《微子》篇亦往往称"孔子"，尤其显然而可见者。

三、《阳货》篇纯驳互见，文亦错出不均。"问仁""六言""三疾"等章文体略与《季氏》篇同，而"武城""佛肸"二章于孔子前称"夫子"，乃战国之言，非春秋时语。盖杂辑成之者，非一人之笔也。

四、《子张》篇记门弟子之言，较前后篇文体独为少粹，惟称孔子为"仲尼"，亦与他篇小异。

五、至《尧曰》篇，古《论语》本两篇，篇或一章，或二章，其文尤不类。盖皆断简无所属，附之于书末者。

……窃意此五篇者，皆后人之所续入……其中义理事实之可疑者，盖亦有之（《洙泗考信录》卷四）。

以上为崔东壁的大致观点，东壁在《论语余说》中还列出这五篇中的可疑之章，据其所列，问题最多的是《季氏》《阳货》《微子》三篇。东壁认为《子张》篇的问题是只记录门下弟子之语而未及孔子之言，但河间七篇本中《泰伯》篇也有连载曾子之语的部分，在孔子语录末尾处附上门下诸弟子之语并不足怪。而且，若将《尧曰》篇看作为明确尧、舜、禹、汤、文、武的道统而辑录用语的话，那么此处也无必要怀疑。当然《尧曰》篇脱落谬误诸多，仅靠现行本确实很难读通，但如后文所论，经修正增补之后，可窥道统之渊源流变。因此，我想从下论十篇中删去《季氏》《阳货》《微子》三篇，并将《先进》《颜渊》《子路》《宪问》《卫灵公》《子张》《尧曰》七篇作为另外一种《论语》考察。如第二章第六节中所述，这七篇若从内容与用词来判断，或许是传到齐国的《论语》。因此，我认为这七篇就是《齐论》的原始形态。下面将考察各篇内容。

二　《先进》篇的内容

朱子《集注》说"此篇多评弟子贤否"。诚如其所言，此篇应类比河间七篇本的《公冶长》《雍也》两篇。先来看《先进》第一章：

> 子曰："先进于礼乐野人也，后进于礼乐君子也。如用之，则吾从先进。"

古来注释家对此章有多种解读，"先进"或指先入孔门之人，如子路、颜回等，"后进"则指后拜入孔子门下的子游、公西华等（《论语述何》之说）。接着是第二章：

> 子曰："从我于陈、蔡者，皆不及门也。"

学者对此也解释不一，"及门"的"门"与下文"由之瑟，奚为于丘之门"中的"门"相同，指的应该是孔子之门。孔子困于陈、蔡时从游的门人子路、子贡、颜回等人在他发出此言时，或去世或游历于他国，均不在其门下。第三章：

> 德行：颜渊、闵子骞、冉伯牛、仲弓。言语：宰我、子贡。政事：冉有、季路。文学：子游、子夏。

据《释文》，郑玄将此合并于上章，把这十人解释为从游陈、蔡之人，皇侃则将之视为独立一章。这十人是否全部都从游陈、蔡现在无法确知，但其中的冉有明显当时仕于季康子而身在鲁国。此时子游十八岁、子夏十九岁，都尚且年少，大概也没有随孔子出游，即使从游也绝不可能被高度评价为擅长文学。因此，这一章与"陈蔡"章无关，应看作是后人对孔子诸弟子之中出众者的点评。那么这种品评始于何时呢？

《孟子·公孙丑上》篇有"宰我、子贡善为说辞，冉牛、闵子、颜渊善言德行"，又称"子夏、子游、子张皆有圣人之一体，冉牛、闵子、颜渊则具体而微"，综合这些可知，《论语》此章是将《孟子》的品评加上冉有、季路一科，变为（一）颜渊、闵子骞、冉伯牛、仲弓的德行科；（二）宰我、子贡的言语科；（三）冉有、季路的政事科；（四）子游、子夏的文学科，应该是《孟子》稍后的评价。此处列举的十人被称为"孔门十哲"，备受尊敬，但其中却没有传道功勋最高的曾子，而这正是需要考察的问题。

据《孟子·滕文公》篇，孔子死后门人服丧三年相继离去，唯有子贡在其墓侧结庐又守墓三年。后子夏、子张、子游三人相谈，欲以从前事孔子之礼事有若，希望曾子赞成，曾子毅然反对并辩驳说孔夫子之德非有若之辈可比。综合《礼记》中《檀弓》篇、《杂记》篇子游之徒贬损曾子可知，孔子死后，曾子派与子游、子夏派开始对立。而此章列举出子游、子夏但特意去除曾子，是因为下论七篇为以子贡为中心的子游、子夏派所传，与曾子派《论语》的河间七篇本对比，这一问题颇可玩味。接下来的一章评价曾子为鲁，也须结合起来一并思考：

柴（高柴）也愚，参（曾子）也鲁，师（子张）也辟（便

僻），由（子路）也喭（畔谚）。(《先进》十八）

不知是否因此原因，《先进》篇中罗列了与上面十哲相关的章，但没有关于曾子的。下面将与十哲关联的章整理如下：

子畏（拘）于匡，颜渊后。子曰："吾以汝为死矣。"曰："子在，回何敢死？"(《先进》二十三）

子曰："回也非助我者也，于吾言无所不说。"(《先进》四）

季康子问："弟子孰为好学？"孔子对曰："有颜回者，好学，不幸短命死矣！今也则亡。"(《先进》七）

颜渊死，颜路请子之车以为之椁。子曰："（回）才（鲤）不才，（从父亲来看）亦各言其子也。鲤死有棺而无椁。吾不徒行以为之椁。以吾从大夫之后，不可徒行也。"(《先进》八）

颜渊死。子曰："噫！天丧予！天丧予！"(《先进》九）

颜渊死，子哭之恸。从者曰："子恸矣。"（子）曰："有恸乎？非夫人之为恸而谁为（恸）！"(《先进》十）

颜渊死，门人欲厚葬之，子曰："不可。"门人厚葬之。子曰："回也视予犹父也，予不得视犹子也。非我也，夫二三子也。"(《先进》十一）

子曰："回也其（受命）庶乎，屡空（而不改其乐）。赐不受命而货殖焉，（然）亿则屡中。"（《先进》十九）

以上八章点评颜渊。

鲁人为长府。闵子骞曰："仍旧贯如之何？何必改作？"子曰："夫人不言，言必有中。"（《先进》十四）

子曰："孝哉，闵子骞！人不间于其父母昆弟之言。"（《先进》五）

以上两章称赞闵子骞。

闵子侍侧，訚訚如也；子路，行行如也；冉有、子贡，侃侃如也。子曰："若由也，不得其死然。"（《先进》十三）

子路使子羔为费宰。子曰："贼夫人之子。"子路曰："有民人焉，有社稷焉。何必读书然后为学？"子曰："是故恶夫佞者。"（《先进》二十五）

季路问事鬼神。子曰："未能事人，焉能事鬼？"曰："敢问死"。曰："未知生，焉知死？"（《先进》十二）

子曰："由之瑟，奚为于丘之门？"门人不敬子路。

子曰："由也升堂矣，未入于室也。"（《先进》十五）

　季子然问："仲由、冉求可谓大臣与？"子曰："吾以子为异（他事）之问，曾由与求之问。所谓大臣者，以道事君，不可则止（不可谏则退）。今由与求也，（可谏而不谏）可谓具臣（徒具臣之数）矣。"曰："然则从（主命）之者与？"子曰："弑父与君亦不从也。"（《先进》二十四）

　子路问："闻斯行诸？"子曰："有父兄在，如之何其闻斯行之？"冉有问："闻斯行诸？"子曰："闻斯行之。"公西华曰："由也问闻斯行诸，子曰'有父兄在'；求也问闻斯行诸，子曰'闻斯行之'。赤也惑，敢问。"子曰："求也退，故进之；由也兼人，故退之。"（《先进》二十二）

以上六章，最开始的一章记录闵子、子路等的态度并点评子路，接下来的三章则专门品评子路，最后两章将冉有与子路相提并论。通览以上诸章可知，《先进》篇主要点评颜渊、闵子骞、冉有、子路四人。其中仲弓、子贡等均未出现，乍看有不可思议之感，但因为那些被移至接下来的《颜渊》《子路》诸篇中，所以也就不见于此篇之内。

《先进》篇中除上面举出的诸章之外还有五六章，但此处无一一列举之必要。不过，最后的"子路、曾晳、冉有、公西华言志"章是《论语》中最长的一章，也是以文辞有趣而著名的章节，关于此章需要另外论述，故此处先省略。仅须注意此章是后人续入之作。

三　对《子张》篇的考察

前节考察了《先进》篇，因此本节将考述《子张》篇。《先进》篇是孔子对门下弟子的点评，而《子张》篇则收录了门下弟子的言谈，是了解诸弟子相互关系的上佳资料。

《子张》篇共由二十五章组成，其中两章是子张之语，十章是子夏之言，三章是子游之言，四章是曾子之语，六章是子贡之语，占章数最多的当属子夏，但内容上来说子贡最重要。

子贡曰："纣之不善，不如是之甚也。是以君子恶居下流，天下之恶皆归焉。（《子张》二十）

子贡曰："君子之过也，如日月之食焉：过也人皆见之，更也人皆仰之。"（《子张》二十一）

卫公孙朝问于子贡曰："仲尼焉学？"子贡曰："文武之道，未坠于地，在人。贤者识其大者，不贤者识其小者，莫不有文武之道焉。夫子焉不学？而亦何常师之

有？"(《子张》二十二)

叔孙武叔语大夫于朝曰："子贡贤于仲尼。"子服景伯以告子贡。子贡曰："譬之宫墙，赐之墙也及肩，窥见室家之好。夫子之墙也数仞，不得其门而入，不见宗庙之美、百官之富。得其门者或寡矣。夫子之云，不亦宜乎！"(二十三)

叔孙武叔毁仲尼。子贡曰："无以为也，仲尼不可毁也。他人之贤者，丘陵也，犹可逾也；仲尼，日月也，无得而逾焉。人虽欲自绝，其何伤于日月乎？多见其不知量也！"(《子张》二十四)

陈子禽谓子贡曰："子为恭也，仲尼岂贤于子乎？"子贡曰："君子一言以为知，一言以为不知，言不可不慎也。夫子之不可及，犹天之不可阶而升也。夫子之得邦家者，所谓立之斯立，道之斯行，绥之斯来，动之斯和。其生也荣，其死也哀，如之何其可及也。"(《子张》二十五)

以上六章中，开始两章只列举子贡之语，但后四章描写时人评子贡贤于孔子，以及子贡始终谦逊地推崇孔子。《子张》篇以这六章结束，说明此篇编者为子贡派之人。前面已提到，孔子死后以子贡为长老的子夏、子游、子张一派与曾子对立，《先进》篇应出自反曾子派的学者之手，而《子张》篇则正出自子贡派之手。据前文所引《孟子》的记载，子夏、子游、子张三人似乎意气相投，但据此篇则三人之间未必没有分歧。

> 子夏之门人问交于子张。子张曰："子夏云何？"对曰："子夏曰：'可者与之，其不可者拒之。'"子张曰："异乎吾所闻。君子尊贤而容众，嘉善而矜不能。我之（若）大贤与，于人何所不容？我之不贤与，人将拒我，如之何其拒人也？"（《子张》三）

这一章暗示子夏与子张并非意见完全一致，同时子张之言也给人光明磊落之感。

> 子游曰："吾友张也，为难能也，然而未仁。"（《子张》十五）
> 曾子曰："堂堂乎张也，难与并为仁矣。"（《子张》十六）

读这两章，可知子游与曾子一样也不服子张。

> 子游曰："子夏之门人小子，当洒扫、应对、进退则可矣。抑末也，本之则无。如之何？"子夏闻之曰："噫！

言游过矣！君子之道，孰先传焉？孰后倦焉？譬诸草木，区以别矣。君子之道，焉可诬也？有始有卒者，其惟圣人乎！"（《子张》十二）

考察此章，可窥子游对子夏门人也有所不满。想来孔子去世不久，尊子贡为长老的子夏、子游一派与曾子派对立，后者强调孔子教诲的精神层面，而前者力说其形式层面而尊重礼法，到他们的弟子一代，同样的主礼派中似乎也出现分化。也即子张怀抱远大理想但容易虚荣矫饰，子夏的后学拘泥于礼的形式却似乎忽视其精神。与此相反，子游一直注意礼的根本精神，自戒不能只拘泥于形式而失精神实质。《荀子·非十二子》篇中有"禹行而舜趋，是子张氏之贱儒也。正其衣冠，齐其颜色，嗛然而终日不言，是子夏氏之贱儒也"。若从现在应是代表子游派思想的《礼记·礼运》篇等著述中子游强调礼之义即礼之精神来看，似乎这种倾向在《孟子》之后才变得显著，而《论语·子张》篇中能窥见子游、子夏等人的分化，暗示下论成立于河间七篇本之后，大概是《孟子》之后的编纂物。

要而言之，《先进》篇是孔门诸弟子的人物评语，由其中列举的十哲之名可推知其出自反曾子派之手。而《子张》篇则收录诸弟子的言谈，若留意其中心人物为子贡，子贡之下子夏、子游之言也占据重要地位，则可知其应出自子贡派之手。综合来看，夹在《先进》篇与《子张》篇之间的下论大部分为子贡派后学所传的《论语》，与曾子派《论语》即河间七篇本分属不同派别。

四　论仁诸章

下论七篇中最具思想性的是《颜渊》《子路》两篇与《卫灵公》篇，这三篇内容集中在仁、政这两个问题。因此我们先来考察论仁的章。

> 颜渊问仁。子曰："克己复礼为仁。一日克己复礼，天下归仁焉（一日克己复礼天下归仁）。为仁由己，而（岂）由人乎哉？"颜渊曰："请问其目（要）。"子曰："非礼勿视，非礼勿听，非礼勿言，非礼勿动。"颜渊曰："回虽不敏，请事斯语矣。"（《颜渊》一）

此章最开始的部分原文为"克己复礼为仁。一日克己复礼，天下归仁焉"，但天下归仁并非一日之力可及。因此，古来对此句的解释有很多问题，令人费解。猪饲敬所的《论孟考文》

中将"一日"看作"一曰"的讹字,将其后九字视作异本的校语,我认为这种看法最为妥当。如前面所讲,汉初有《鲁论》《齐论》《古论》三种《论语》,今本《论语》由这些异本折中而成。《史记·仲尼弟子列传》引用此章时仅有"孔子曰:'克己复礼天下归仁焉'"一句,前面并无"克己复礼为仁一日"八字,而《左传·昭公十二年》中的记述则为"仲尼曰:'古也有志,克己复礼,仁也'",无"天下归仁焉"之句。《史记》的作者司马迁从孔安国习古学,因此《弟子列传》中应该引用的是《古论》,与之不同的《左传》则引自《鲁论》或《齐论》。若如此,则敬所将"一日"改为"一曰",并将其后九字看作校语的解释就是得当的。因此我将这几句加上引号进行解释。"克"即指责、抑制之意,"己"字是人的对字,"克己复礼"的意思是指责自己行为容易不合乎礼,常使自己归于礼。约束自己以符合于礼就是仁,"天下归仁焉"即天下的人都回归于仁之意。也就是说,合乎礼即为践行仁的方法,而颜渊询问其关键在于什么时,得到的回答是视、听、言、动均合于礼,因此据此章看来仁道即合乎于礼,无礼则仁亦不存在。接着的一章说:

> 仲弓问仁。子曰:"出门如见大宾,使民如承大祭。己所不欲,勿施于人。在邦无怨,在家无怨。"仲弓曰:"雍虽不敏,请事斯语矣。"(颜渊二)

　　其中"出门如见大宾，使民如承大祭"一节与《左传·僖公三十三年》"臼季曰：'出门如宾，承事如祭，仁之则也'"意思相同。此处与上一章同样教导合于礼即仁的方法，是仁的客观标准，而后面的"己所不欲，勿施于人"则是说明践行仁的主观尺度。将此句与《卫灵公》篇下述两章对照：

　　　　子曰："赐也，汝以予为多学而识之者与？"对曰："然，非与？"曰："非也，予一以贯之。"（《卫灵公》三）

　　　　子贡问曰："有一言而可以终身行之者乎？"子曰："其恕乎！己所不欲，勿施于人。"（《卫灵公》二十四）

　　"己所不欲，勿施于人"换句话说就是守"恕"。因此孔子对仲弓的教导是，为践行仁，客观上须合乎于"礼"，主观上须守"恕"。将此与河间七篇本中曾子所说进行比较：

　　　　子曰："参乎！吾道一以贯之。"曾子曰："唯。"子出。门人问曰："何谓也？"曾子曰："夫子之道，忠恕而已矣。"（《里仁》十五）

　　则孔子在《里仁》篇中为曾子说一贯之道，但在《卫灵公》篇中为子贡说一贯之道。此处"一贯"的"贯"字据古来注释日文训读为"つらぬく",将孔子的仁道解释为以一种精神一以贯之,但近世考证家将其解为"践行"之意,认为意思是孔子常践行一事。于是,若据《里仁》篇孔子终生践行"忠恕"之道,而据《卫灵公》篇则仅践行"恕"。在"恕"字前加"忠"字合为"忠恕",还是仅"恕"字,是曾子之学与子贡之学的区别所在,也是河间七篇本与下论的不同之处。也就是说,下论中说仁道是倡导客观上合于礼、主观上行"恕",而河间七篇本只以"忠恕"为本。"恕"的意思是推己及人,即践行己所不欲勿施于人,是对待他人的态度,而"忠"指的是自我反省,不自欺,听从良心的命令。曾子派的道德思想总是以此"忠"字为基础再推及"恕",而子贡派则一开始就只言"恕"而无"忠",从"恕"推及礼是其特色。

两派均以践行孔子的仁道为核心,从上面对"一贯"的解释以及"司马牛问仁"章中可明确看出这点。

司马牛问仁。子曰:"仁者其言也讱。"曰:"其言也讱,斯谓之仁已乎?"子曰:"为之难,言之得无讱乎?"(《颜渊》三)

上述"为之难,言之得无讱乎"一句与《宪问》篇下文相对照:

子曰："君子耻其言而过其行。"（《宪问》二十九）

可知指的是轻言重行。

以上说的都是践行仁的方法，下面一章则说明仁的本质即爱。

樊迟问仁。子曰："爱人。"问知。子曰："知人。"樊迟未达。子曰："举直错诸枉，能使枉者直。"樊迟退，见子夏曰："乡也吾见于夫子而问知，子曰，'举直错诸枉，能使枉者直'，何谓也？"子夏曰："富哉言乎！舜有天下，选于众，举皋陶，不仁者远矣。汤有天下，选于众，举伊尹，不仁者远矣。"（《颜渊》二十二）

这个问答中将仁与智相提并论，但在《卫灵公》篇：

子曰："知及之（民），仁不能守之，虽得之必失之。知及之（民），仁能守之。不庄以涖之，则民不敬。知及之（民），仁能守之，庄以涖之。动之不以礼，未善也。"（《卫灵公》三十三）

则说的是使智成为智的是仁，仁是智的根本。想来将仁与智对论，是将人的精神作用分成情和知两面，将情之德看作爱也就是仁，将知之德解作智。这与河间七篇本中将智者与仁者对论异曲同工，而《宪问》篇中则将仁者、智者、勇者三者并论：

> 子曰："君子道者三，我无能焉：仁者不忧，知者不惑，勇者不惧。"子贡曰："夫子自道也。"（《宪问》三十）

在《子罕》篇又有：

> 子曰："知者不惑，仁者不忧，勇者不惧。"（《子罕》三十）

与《中庸》中将"知""仁""勇"并称"三达德"相同，也就是将人的精神作用分知、情、意三个方面，认为情之德为仁，知之德为知（智），意之德为勇，则这应该是在仅对说仁、知二者之后的思想。我们判定《子罕》篇为后人续入的理由之一就是其中将"知""仁""勇"三德并举。

综合下论中的论仁诸章与河间七篇本比较：（一）河间本中将仁当作知之德，而下论中则看作知、仁、勇三德的中心；（二）作为其践行方法，河间本中只说忠恕，而下论中则以复礼为主；（三）河间本中受一贯之道的是曾子，曾子将其解释为"忠恕"，而下论中则是子贡受之，且仅解释为"恕"。以上是河间本与下论的相异之处。

五　论政诸章

与论仁章同样多的是论政章，论政诸章之中以"子贡问政"章最为有趣。

> 子贡问政。子曰："足食，足兵，民信之矣。"子贡曰："必不得已而去，于斯三者，何先？"曰："去兵。"子贡曰："必不得已而去，于斯二者何先？"曰："去食。自古皆有死，民无信不立（国）。"（《颜渊》七）

由此看来，孔子的政治理想是足食、足兵、民信之。足食是经济问题，足兵指军备充足，民信则指道德高尚。而比起经济问题和军备充足，孔子更重视民众道德高尚。"自古皆有死，民无信不立（国）"一句说的是人早晚会死，即使死也不能无信，信使人之所以为人，若无信即使活着也丧失作为人的价值了。因此，即使因经济困顿而饿死，即使没有充足军备，也决不能失去人的道德，这就是孔子的信念。但孔子并非要放弃经济和军备，而是主张先有充足的经济实力和军备后再教化民众。《子路》篇下述一章很好地说明了其中的意味：

> 子适卫，冉有仆。子曰："庶矣哉！"冉有曰："既庶矣。又何加焉？"曰："富之。"曰："既富矣，又何加焉？"曰："教之。"（《子路》九）

虽然从治国步骤来看，是先充足军备后发展经济，最后振兴道义，但其终极目的在于道德而不是富强。所以，孔子答季康子问时说"政者，正也"。

> 季康子问政于孔子。孔子对曰："政者，正也。子帅以正，孰敢不正？"（《颜渊》十七）
>
> 季康子问政于孔子曰："如杀无道以就（成）有道，何如？"孔子对曰："子为政，焉用杀？子欲善而民善矣。君子之德风，小人之德草。草上（加）之风必偃。"（《颜渊》十九）

孔子认为政治的根本在于正确引导民众，君主欲善则民众也会如草沐风般被感化。

子曰："其身正，不令而行；其身不正，虽令不从。"
（《子路》六）

子曰："苟正其身矣，于从政乎何有？不能正其身，如正人何？"（《子路》十三）

以上两章也是同一主张的重新表达。孔子对子路说正名，也是出自同样的想法：

子路曰："卫君待子而为政，子将奚先？"子曰："必也正名乎！"子路曰："有是哉，子之迂也！奚其正？"子曰："野哉由也！君子于其所不知，盖阙如也。名不正则言不顺，言不顺则事不成（事不成则礼乐不兴，礼乐不兴则刑罚不中，刑罚不中则民无所措手足）。故君子名之必可言也，言之必可行也。君子于其言无所苟而已矣。"（《子路》三）

上章古来有多种解释，但仍然费解，特别是括号内的三句，因果关系不明，逻辑不通。"事不成"与"礼乐不兴"有什么因果关系呢？礼乐与刑罚完全是两回事，若论先后关系，"礼乐兴"反而应该在"刑罚中"之后。因此中井履轩认为这三句是后人篡入并将其删去，猪饲敬所也赞同这一见解，并直言对这一章的解释困惑已久，得履轩之说后豁然开朗。因此，我也想跟履轩、敬所一样删去这三句后再进行解释。

名者，实之宾也，使名符于实就是正名。正名从逻辑上看是名实论，但从政治道德层面上解释，就是使君为君、使臣为臣、使父为父、使子为子、使弟为弟、使夫为夫、使妇为妇，故正名即正道。正道之后才能正家、正国，所以孔子回答说，若为卫君执政就必先正名。正名实质上就是走上正道之意，所以"故君子名之必可言也，言之必可行也"。孔子对齐景公更加明确地表达出这种想法。

> 齐景公问政于孔子。孔子对曰："君君，臣臣，父父，子子。"公曰："善哉！信如君不君，臣不臣，父不父，子不子，虽有粟，吾（岂）得而食诸？"（《颜渊》十一）

也就是说，此章中孔子的回答是正名。对此景公称赞道，正名即将道义看得比经济还重，并与孔子的这种想法产生共鸣。孔子在答鲁定公问时也劝谏他，兴邦还是丧邦全在于君是否为君、臣是否为臣。

> 定公问："一言而可以兴邦，有诸？"孔子对曰："言不可以若是，其几也。人之言曰：'为君难，为臣不易。'

如知为君之难也，不几乎一言而兴邦乎？"曰："一言而
丧邦，有诸？"孔子对曰："言不可以若是，其几也。人
之言曰：'予无乐乎为君，唯其言而莫予违也。'如其善
而莫之违也，不亦善乎？如不善而莫之违也，不几乎一
言而丧邦乎？"（《子路》十五）

　　除此之外，论政章还有数章均论述为政相关的注意事项，
不过孔子的政治思想已在上面举出的诸章之中完整表达。要
而言之，孔子对于政治的理想就是施行以君臣父子关系为核
心的德治主义政治。在这点上，它与河间七篇本中所倡导的
为政须以德相同，但河间七篇本中仅主张抽象的德治主义，
而下论中则强调应先发展经济、加强国防，然后教化民众道义，
此为两者不同之处。

六　下论与春秋学

　　如前所述，河间七篇本中孔子引用的经典只有《诗》《书》
两部，但下论《宪问》《卫灵公》二篇似乎与《春秋》有所关联。
也就是《宪问》篇中以下章节：

子曰："为（郑国之）命裨谌草创之，世叔讨论之，行人子羽修饰之，东里子产润色之（，故鲜有败事）。"（九）

或问子产。子曰："惠人也。"问子西。曰："彼哉！彼哉！（何足称）"问管仲。曰："（大）人也。夺伯氏骈邑三百，饭疏食，没齿，无怨言。"（十）

子曰："臧武仲以防求为后于鲁，虽曰不要君，吾不信也。"（十五）

子曰："晋文公谲而不正，齐桓公正而不谲。"（十六）

子路曰："桓公杀公子纠，召忽死之，管仲不死。"曰："未仁乎？"子曰："桓公九合诸侯，不以兵车，管仲之力也。（然）如其仁！如其仁！"（十七）

子贡曰："管仲非仁者与？桓公杀公子纠，不能死，又相之。"子曰："管仲相桓公，霸诸侯，一匡天下，民到于今受其赐。微管仲，吾其被发左衽矣。岂若匹夫匹妇之为谅也，自经于沟渎而莫之知也。"（十八）

子言卫灵公之无道。康子曰："夫如是，奚而（何为）不丧？"孔子曰："仲叔圉治宾客，祝鮀治宗庙，王孙贾治军旅。夫如是，奚其丧？"（二十）

陈成子弑简公。孔子沐浴而朝，告于哀公曰："陈恒弑其君，请讨之。"公曰："告夫三子（三卿）！"孔子曰："以吾从大夫之后，不敢不告也。君曰'告夫三子'者。"

之三子告，不可。孔子曰："以吾从大夫之后，不敢不告也。"（二十二）

《卫灵公》篇以下章：

> 子曰："臧文仲其窃位者与！知柳下惠之贤而不与立也。"（十四）
>
> 子曰："吾犹及（疑故）史之阙文（以待知者）也，有（古）马者借（自调良能）人乘之。今则亡矣夫！"（二十六）

这些隐约暗示这种关联。儒家经典中最先明确提及《春秋》的是《孟子》。

> 世衰道微，邪说暴行有作，臣弑其君者有之，子弑其父者有之。孔子惧，作《春秋》。（《滕文公下》）
>
> 王者之迹熄而《诗》亡，《诗》亡然后《春秋》作。晋之《乘》，楚之《梼杌》，鲁之《春秋》，一也。其事则齐桓、晋文，其文则史。孔子曰："其义则丘窃取之矣。"（《离娄下》）

细读上面两节则知《春秋》为孔子述作，以记录齐桓、晋文事迹的史料为材料，加上孔子点评的著作，而他的思想则体现在评语之中。可能因为是自己的述作，孔子并没有将此书视为经典，但孔门诸弟子推崇此书并将其与《诗》《书》并列也是再自然不过的事。从《宪问》《卫灵公》两篇中抽出的以上诸章，批判齐桓、晋文，点评当时的名相大约就是孔子的"春秋大义"。

据《汉书·艺文志》记载，《春秋》有左氏、公羊、穀梁、邹氏、夹氏五家之传，其中邹氏传统无人传袭，夹氏的著作散佚，故现今仅存三传。三传之中，《左氏传》是对《春秋》经文中简单记述的事实进行详细说明，而《公羊》与《穀梁》则是从《春秋》经文中寻觅出孔子寄寓的思想，也即孟子所言"其义丘窃取之矣"等的微言大义。而这种微言大义正是春秋学的精神。

那么《公羊》与《穀梁》的关系以及时代先后顺序又是怎样呢？清儒惠栋在其名著《九经古义》卷十五中列举了《穀梁》与《荀子》中一致的记述：

一、隐公五年传"伐不踰时"，与《荀子·议兵》篇相同。

二、僖公五年传"天子七庙"云云，与《荀子·礼论》篇相同。

三、隐公元年传，解赗赙襚含之义，与《荀子·大略》篇相同。

四、隐公八年传，记诰誓盟诅交质子，与《荀子·大略》篇相同。

五、隐公二年传，记诸侯相见，仁者守，与《荀子·大略》篇相同。

六、隐公三年传，称天子为大上，与《荀子·君道》篇相同。

上面总共六条，惠栋以此为据论证《荀子》采用了《穀梁春秋》之说。实际上是《荀子》采用《穀梁》之说，还是《穀梁》出自《荀子》尚不清楚，但总之可以想象的是《穀梁》与《荀子》有所关联，可能是同一时期的著述。查阅《穀梁传》的内容，会发现其中有引用《公羊》之说并加以反驳的部分。比如：

庄公二年：公子庆父帅师伐于余丘。

《公羊》云："郱娄之邑也。曷为不系乎郱娄？国之也。曷为国之？君存尔。"

《穀梁》云："公子贵矣，师重矣，而敌人之邑，公子病矣。病公子，所以讥乎公也。其一曰，君在而重之也。"

《穀梁》中作为"一曰"而所引之说应该是指"君存尔"这句。又：

文公十二年：子叔姬卒。

《公羊》云：此未适人，何以卒？许嫁矣。

《穀梁》云：其曰子叔姬，贵也，公之母姊妹也。其一传曰，许嫁以卒之也。

此处作为"一传"所引的就是《公羊》的"许嫁"之说。

宣公十五年：初税亩，冬蝝生。

《公羊》云：上变古易常，应是而有天灾。

《穀梁》云：冬，蝝生。蝝，非灾也。其日蝝，非税亩之灾也。

《穀梁》反驳《公羊》的"天灾"之说。由这些想来，必然要解释为先有《公羊》后有《穀梁》。既然《穀梁》出现于《公羊》之后且与《荀子》有一致之处，那么《穀梁》应该兴起于《荀子》时代，在那之前盛行的只有公羊说。若这种推测没有大错的话，则可认为孔子死后至《荀子》以前的《春秋》说是公羊家之说。

据《公羊春秋》疏中所引戴宏之言，《公羊春秋》的学问由子夏传给公羊高，公羊高传授给公羊平、公羊地、公羊敢、公羊寿这些子孙，但仅为口授传承，并未编成著述，至汉景帝时公羊寿与弟子胡母子都一起将之著于竹帛，传给董仲舒，此即为今天的《公羊传》。

据汉代公羊家泰斗董仲舒《春秋繁露·俞序》篇，孔子作春秋，上探天端，下明得失，记十二诸侯事迹，正是非，著王心，其门人子贡、闵子、公肩子等传其学问。所以子夏称赞此书说"有国家者不可不学《春秋》"，曾子、子石也说其明"霸王之道"。据《史记·仲尼弟子列传》，孔子的弟子中有公坚定，索隐引《家语》作"公肩定"，故公肩子或许就是公坚定，《弟子列传》中又有公孙龙，字子石，所以子石也就是公孙龙。（"龙"字一书作"奢"，因其字子石，故"奢"为本字而"龙"为假借字，故此公孙龙与"坚白"之辩的公孙龙非同一人）因此，公肩子、子石、子贡、闵子、子夏、曾子均为孔子门人，孔子死后这些门人传孔子的春秋大义，特别是从子夏传至公羊高这一派成为公羊学。

下面将对现行本《公羊传》中出现过的经师名字进行梳理，如下所示：

一、鲁子（庄三、二十三，僖五、二十、二十四、二十八）

二、乐正子（昭十九）

三、子沈子（隐十一，庄十，宣一）

四、子公羊子（桓六，宣一）

五、子北宫子（哀四）

六、高子（文四）

七、子司马子（庄三十）

八、子女子（闵一）

以上八人之中，第一的鲁子为何人尚不清楚，元代郝敬认为是曾子之误。"鲁"与"曾"字形相似确实易错，今本《仲尼弟子列传》中有"冉孺字子鲁"，集解记"鲁一作曾"。结合前文所引董仲舒《春秋繁露》中曾子以《春秋》明霸王之道的记述，以及第二的乐正子为曾子弟子这一关系来看，郝敬所说应该是正确的。乐正子为曾子弟子之事自不用说，《圣贤群辅录》中记载乐正子春传《春秋》，大概因为他是公羊春秋的先师。第三的子沈子，前一个"子"是尊称，与《穀梁》定公元年传所提到的"沈子"为同一人，大约是沈姓之人，但并无详细生平传记。第四的子公羊子自然就是公羊高或其子孙。第五的子北宫子，结合《孟子·公孙丑上》篇中有名为北宫黝之人，《淮南子·主术》篇中有名为北宫子之人，下注"北宫子即齐人孟子所云北宫黝"，大概北宫子就是北宫黝。第六的高子两次出现在《孟子》中，赵岐注他是齐人，曾学于孟子，《韩诗外传》卷二也有"高子问于孟子：'卫女何以编于诗'"，故此人也是齐人且为孟子弟子。第七的司马子与第八的子女子尚不清楚为何人。从以上《公羊》经师的籍贯出处来看，其中有曾子及其门人，又有孟子门人，想来公羊学应该与曾子孟子系统也有关。

公羊这一姓氏除公羊学传经的经师之外，仅《礼记·檀弓》篇中出现过公羊贾这个人名，其他著述中均无此姓。据清儒洪颐煊的考证，《礼记》中的公羊贾与《论语·宪问》篇的公明贾为同一人，"羊"与"明"古音相近而通用（《经义丛抄》）。此后，皮锡瑞也称公羊贾即公明贾，但不确定，仅一笔带过（《经学通论》），但我赞成洪说。从"羊"字与从"易"字同音，故"佯"也可写作"陽"，而"陽"字在《诗·国风·七月》毛传中注曰"明也"，《诗·小雅·楚茨》篇中"羊"与"明"押韵。这说明"羊"与"陽"同音，且与"明"同音同义。因此我认为洪说，即"公羊"是"公明"的假借字，是揭开千古之谜的真知灼见。而公羊与公明相同，那么公羊学的师祖公羊高也就是公明高，应该属于《论语》中公明贾一族。公明高为曾子弟子可见于《孟子·万章上》的注中，则公羊高之孙公羊地应该也就是《孟子》中的公明仪，因为"地"字与"仪"字古音也相近。那么，综合戴宏的公羊传统、《公羊传》中的经师以及董仲舒所言，公羊学系统应如下所示：

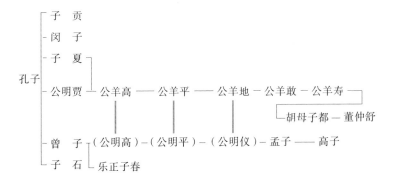

如前所述，下论七篇应为子贡、闵子、子夏、子游派的《论语》，但《宪问》篇与《卫灵公》篇尤以子贡为主角，同时如下章中甚至出现了公明贾的名字，而且让人联想到孔子"春秋大义"的章节颇多，表明此篇与春秋学关系密切：

> 子问公叔文子于公明贾曰："信乎，夫子不言、不笑、不取乎？"公明贾对曰："以告者过也。夫子时然后言，人不厌其言；乐然后笑，人不厌其笑；义然后取，人不厌其取。"子曰："其然，岂其然乎？"（《宪问》十四）

《卫灵公》篇中也有如下一章：

> 颜渊问为邦。子曰："行夏之时，乘殷之辂，服周之冕，乐则韶舞。放郑声，远佞人。郑声淫，佞人殆。"（《卫灵公》十一）

此处与其他篇中的政治论风格完全不同，并用"夏之时""殷之辂""周之冕"来说治国的理想，与《公羊春秋》的通三统主张相似。

七　《尧曰》篇的补正及其内容

关于《尧曰》篇的章节划分，陆德明将其分为三章，朱子《集注》沿袭此分法，一般均将全篇分为三章，但其中第一章文字最为晦涩难懂。于是皇侃《义疏》又将第一章分为五重，而张南轩则将其分为三节，朱子也另立一说，各家见解不一。我想按以下划分来考察：

一、尧曰："咨！尔舜！天之历数在尔躬。允执其中。四海困穷，天禄永终。"舜亦以命禹。（凡二十九字）

二、曰："予小子履，敢用玄牡，敢昭告于皇皇后帝：有罪不敢赦。帝臣不蔽，简在帝心。朕躬有罪，无以万方；万方有罪，罪在朕躬。"（凡四十六字）

三、周有大赉，善人是富。（凡八字）

四、虽有周亲，不如仁人。（凡八字）

五、百姓有过，在予一人。（凡八字）

六、谨权量，审法度，修废官，四方之政行焉。兴灭国，继绝世，举逸民，天下之民归心焉。（凡三十一字）

七、所重：民、食、丧、祭。（凡六字）

八、宽则得众，信则民任焉，敏则有功，公则说。（凡十六字）

以上八节的分法是虚心细读后，在语义难连之处进行的区分，不过每节字数多为八的倍数或与之相近。也即第三、第四、第五三节为八字，第八节为十六字，而第二节虽为四十六字，但按《墨子·兼爱下》所引汤誓之文"敢昭告于皇皇后帝"作"告于上天后"，其下补"有善不敢蔽"一句，则合计四十八字，为八字的六倍。据王充《论衡》记载，《论语》竹简长八寸，又据王静安考证，八寸简所写文字为八字或十字，因此可以想象，上述各节为竹简连缀之处，节与节之间或有脱简。

试以第二节为例考察，则将此节接续上节有唐突之感。若将此节作为上节的后续部分，则此节看起来全部是舜告诫禹的话，郑玄注"用元牡舜命禹事"（《尚书汤诰正义》）大约也是将此节理解为接续上节。不过最开始的一句"曰：'予小子履'"的"履"是殷汤王之名，不能看作是舜所说。又比较《墨子·兼爱下》篇以下一条，则此节无论怎么看都是殷汤所言：

> 汤曰："惟予小子履，敢用玄牡，告于上天后曰：'今天大旱，即当朕身履，未知得罪于上下，有善不敢蔽，有罪不敢赦，简在帝心。万方有罪，即当朕身，朕身有罪，无及万方。'"

因此我们不得不认为，第一节与第二节之间有数简脱落，所记内容为舜告诫禹的话，以及殷汤说出此番话的原委。

接下来考察第八节"宽则得众，信则民任焉，敏则有功，公则说"十六字，皇疏与邢疏都认为这十六字是接上文的一节，但仁斋《论语古义》中说：

> 此章旧本与前章通合为一章，然……与前篇"子张问仁"章几乎相同而逸其半……或疑因下章有"子张问"而误而再出。

他认为此处应与前节分开，或是《阳货》篇"子张问仁"章的一部分误入，且"公则说"的"公"字常见于《老》《庄》书中，《论语》其他部分完全未出现过这个字，应该是《阳货》篇"惠则足以使人"的"惠"字损毁而被误作"公"。履轩《论语逢原》与丰岛丰洲《论语新注》均赞成此说，且清儒翟灏《论语考异》中亦云：

> 按：四语与上文绝不蒙，与前论仁章文，惟"公""说"二字殊。疑"子张问仁"一章，原在《古论·子张》篇首，而此为脱乱不尽之文。古书简尽则止，不以章节分简，故虽大半脱去，犹得余其少半联络于下章也。下章子张

问政，孔子约数以示，俟张请目，然后详晰言之，与问仁章文势画一，显见其录自一手。又二十篇中，唯此二章以子答弟子之言，加用"孔"字。盖古分《尧曰》"子张问"以下别为一篇，与前《季氏》篇为别一记者所录，称"孔子"是其大例。……今以问仁章录入《阳货》之篇，既嫌其体例不符，而公山佛肸连类并载之间，横隔以此，亦颇不伦。

又进一步详细表明同一意见。试将此节与《阳货》篇中的"子张问仁"篇比较则如下所示：

子张问仁于孔子。孔子对曰："能行五者于天下为仁矣。"请问之。曰："恭、宽、信、敏、惠。恭则不侮，宽则得众，信则人任焉，敏则有功，惠则足以使人。"（《阳货》）

宽则得众，信则民任焉，敏则有功，公则说。（《尧曰》）

也就是说，《尧曰》这一节与《阳货》末节基本相同，仅最后"公则说"三字与"惠则足以使人"相异。不过，这三字也可如仁斋与丰洲所说，想作"惠"字的残字，"说"字也可以看作"足"字误作"兑"字后又被改作"说"字，因此认为此节是"子张问仁"章的残简应该是妥当的。这样一来，不仅"子张问仁"章与《尧曰》末尾处"子张问政"看起来文辞相似且两两相对意有所指，而且因现在"子张问仁"章见于《阳货》篇，故《阳货》篇中关系紧密的"公山弗扰以费畔"章与"肺肸召子"章就被分隔，有不自然之感。换句话说，将"子张问仁"章移至"子张问政"章之前，则《阳货》篇和《尧曰》篇就都能得到合理解释了。因此，如仁斋、翟灏等所说，"宽则得众"以下十六字为"子张问仁"章的残简，应将该章移至此处并删去此十六字。

凭借先儒对上述两节的研究，我们得以知晓《尧曰》篇中有脱简，以及脱简处混入至二十篇中的其他篇里。

再继续考察《尧曰》篇性质，则现在的《尧曰》篇由"尧曰"章、"子张问"章，以及"孔子曰不知命"章组成，但由何晏序可知《古论》的《尧曰》篇仅有最开始的一章，"子张问"章以下为另外一篇。

汉中垒校尉刘向言：《鲁论》语二十篇，皆孔子弟子记诸善言也。太子太傅夏侯胜、前将军萧望之、丞相韦贤及子玄成等传之。《齐论》语二十二篇，其二十篇中章句颇多于《鲁论》……鲁共王时，尝欲以孔子宅为官，坏，得古文《论语》……《古论》……分《尧曰》下章"子张问"

以为一篇，有两《子张》，凡二十一篇，篇次不与齐、鲁《论》同。

《尧曰》第一章的末节"宽则得众"等十六字若如仁斋、翟灏等所说，是"子张问仁"章的残简，则应该放入《子张问》篇（为与第十九的《子张》篇区别而称其为"子张问"）中，而与《尧曰》篇不为同一篇。于是，原本的《尧曰》篇仅余上面所列举的六节。

不过，仅这六节的话，与其他诸篇相比则篇幅过短。因此《鲁论》《齐论》中将此篇与《子张问》篇连为一篇，但这也暗示了《尧曰》篇脱落之处较多。《四书大全》中引用朱子之说称，"此篇多阙文，当各本其所出而解之，有不可通者阙之可也"，可知朱子似乎也意识到其中有阙文，而清儒翟灏说：

> 《论语》后十篇多脱误，朱子尝言之。《尧曰》篇颠倒失次，东坡又尝言之。"民食丧祭"以上已似辑自残断之余，以下则竟全脱一简。叙群圣毕，宜更有孔子论断，或弟子赞孔子，若祖述宪章之类，今亦已脱去矣。

此言甚合我意。想来《尧曰》一篇为《论语》的后序，可比《庄子》中的《天下》篇、《淮南子》中的《要略训》、《吕氏十二

纪》中的《序意》篇、《论衡》中的《对作》篇，内容大约与
《孟子》末章记尧、舜、禹、汤、文、武的传统而后至孔子类似，
也应是记录尧、舜以来的圣人言行而最后录孔子之言。在这
一猜测以及《尧曰》篇脱简存于其他篇中这一假设的基础上，
按我的想法将《尧曰》篇整理如下：

一　尧曰：“咨尔舜！天之历数在尔躬。允执其中。
四海困穷，天禄永终。”舜亦以命禹。

按：此后应有脱简，内容不明。

二　（汤）曰：“予小子履，敢用玄牡，敢昭告于皇
皇后帝：有罪不敢赦。帝臣不蔽，简在帝心。朕躬有罪，
无以万方；万方有罪，罪在朕躬。

《墨子·兼爱下》篇引汤说云：“汤曰：‘惟予小子履，敢
用玄牡，告于上天后曰：今天大旱，即当朕身履，未知得罪
于上下，有善不敢蔽，有罪不敢赦，简在帝心。万方有罪，
即当朕身，朕身有罪，无及万方。’”
《周语·内史过》引《汤誓》云：“余一人有辠，无以万夫，
万夫有辠，在余一人。”

《吕氏春秋·季春季》云:"汤克夏而天大旱,汤以身祷于桑林,曰:'余一人有罪,无及万夫。万夫有罪,在余一人。'"

按:以上四文详略有差,但原本都应出自同一文。《墨子》说这是"汤说之语",但《周语》中称作"汤誓"之文,则"汤说"应为"汤誓"之误。从《论语》孔注有"墨子引《汤誓》,其辞若此"可知孔氏所见的《墨子》尚未误为"汤说"。疑《论语》此条取自《汤誓》之文,但其上脱落无可供修正的资料,故暂据《墨子》在前加一"汤"字。

又按:汉石经中"万方有罪"下未重复出现"罪"字,且《墨子》《周语》《吕览》等引用文中也均未重出"罪"字,可知汉石经正确。

三 殷王纣,自绝于天,毁坏其三正,离逖其王父母弟,乃断弃其先祖之乐,变乱正声,怡说妇人。(《史记·周本纪》所引《泰誓》)

大师挚适齐,亚饭干适楚,三饭缭适蔡,四饭缺适秦。鼓方叔入于河,播鼗武入于汉,少师阳击磬襄入于海。(《微子》)

以上两节中,前节为《周书·泰誓》之文,为《史记·周本纪》所引用。后节为《论语》之文,见于今本《微子》篇中，但与篇中其他章的文辞、文义均不相同，可能是从《尧曰》篇错入其中。

又按：《汉书·礼乐志》中引用《书》序，"殷纣断弃先祖之乐，乃作淫声，用变乱正声，以说妇人。乐宫师瞽抱其器而奔散，或适诸侯，或入河海。"据此可知，上面两节应为连续的语句。

四　周有八士：伯达、伯适、仲突、仲忽、叔夜、叔夏、季随、季騧。（《微子》）

周有大赉，善人是富。（《尧曰》）

上面两节，前节为《微子》篇之文，后节为《尧曰》篇之语。按：《春秋繁露·郊语》中有"诗曰：'唯此文王，小心翼翼，昭事上帝，允怀多福。'多福者，非谓人也，事功也，谓天之所福也。《传》曰：'周国子多贤，蕃至于骈，孕男者四，四产而得八男，皆君子俊雄也。'此天之所以兴周国也"。《繁露》的"八男"就是《论语》的"八士"，《繁露》的"多福"与《论语》的"大赉"同义，所以"大赉"指的应该就是"八士"。因此可知上面两节应为连续的内容。按：郑玄认为周国八士为成王时的人，刘向、马融认为是宣王时的人，但《晋语》中记载"文王之即位也，询于八虞"，注称八虞即周八士，所以"八士"看来应为文王时的人。且《逸周书·克殷解》有

"命南宫忽，振鹿台之财，散巨桥之粟，命南宫百达史佚，迁九鼎三巫"，则南宫忽或是八士中的仲忽，百达即伯达，史佚即叔夜，若据此则八士为武王时的人。《周书·君奭》篇中文王有臣名为南宫括，《论语》中的伯适在汉石经残字中为"伯括"，"括""适"相通，也即括是文王四友之一，同时也是武王乱臣十人中的一人，则八士应为横跨文王至武王时的人。

　　五　泰山有道曾孙周王有事，大事既获，仁人尚作，以祇商夏蛮夷丑貉。虽有周亲，不若仁人，万方有罪，维予一人。(《墨子·兼爱中》)

《墨子·兼爱中》篇中有"昔者武王有事泰山隧，《传》曰：'泰山有道'"云云，其中"虽有周亲，不若仁人"二句残存于《尧曰》篇中，《墨子》中所说的"传"应该指的是《论语》，汉代将《论语》称为"传"。因此，此条据《墨子》而增补。

　　六　武王克殷，问周公曰："将奈其士众合？"周公曰："使各宅其宅，田其田，无变旧亲，唯仁是亲，百姓有过，在予一人！"武王曰："广大乎，平天下矣。"(《说苑·贵德》)

上为《说苑·贵德》篇之语，《论语·尧曰》仅存"百姓有过，在予一人"二句，《韩诗外传》三、《尚书大传》均记此事但文辞稍异，此处据《说苑》增补。

七　武王肆伐大商，会朝，清明既反商。未及下车，封黄帝之后于蓟，封帝尧之后于祝，封舜之后于陈。下车而封夏后氏之后于杞，封殷之后于宋，封比干之墓，释箕子之囚，表商容之闾。（《韩诗外传》三）

《韩诗外传》三中有与前节《说苑》同样的句子，其后接着的即为此条。疑《论语》中也有此条，作为下文"与灭国，继绝世"条的伏线。

八　周公谓鲁公曰："君子不施其亲，不使大臣怨乎不以。故旧无大故则不弃也。无求备于一人。"（《微子》）

据崔东壁《论语余说》，《微子》篇末"大师挚适齐"章、"周公谓鲁公"章、"周有八士"章与通篇文字不相似，应为后人续入，但我认为这些均可能是《尧曰》篇的错简。

九　（子曰）谨权量，审法度，修废官，四方之政行焉。

兴灭国，继绝世，举逸民，天下之民归心焉。所重：民、
食、丧、祭。

今本《论语》中此条前面缺"子曰"二字，《公羊》昭公
三十二年传注及《汉书·律历志》中引用此条最初十五字并
冠以"孔子曰"三字，《公羊》宣公十七年传注中引用"兴灭国"
以下十六字也冠以"孔子曰"，因此很明显这些全部为孔子所
说，于是我补上"子曰"两字。

以上为我的补正案。我在补正时，尽可能地从古书中找证
据，但在无任何资料流传下来的今日，自然也有仅靠臆测之处，
实属无奈之举。忠实的考证学者可能会斥之为毫无价值的臆
测，但我认为通过这样的补正之后，历来被认为晦涩难解的《尧
曰》篇多少好懂了一点。作为《论语》的结尾，它先陈述尧、舜、
汤、文、武、周公的遗言行迹，最后表明孔夫子的政治理想，
这就是《尧曰》篇的意义所在。下面，我将上文的补正训读：

一　尧曰："咨尔舜！天之历数（顺次）在尔躬（身）。
允执其中，四海困穷，天禄永终（继）。"舜亦以（此语）
命禹。

二　（汤）曰："予，小子履，敢用玄牡，敢昭告于皇

皇后帝：有罪不敢赦。帝臣不蔽，简在帝心。朕躬有罪，无以（及）万方；万方有罪，罪在朕躬。

三（殷王纣，自绝于天，毁坏其三正，离逷其王父母弟，乃断弃其先祖之乐，变乱正声，怡说妇人。）大师挚适齐，亚饭干适楚，三饭缭适蔡，四饭缺适秦。鼓方叔入于河，播鼗武入于汉，少师阳、击磬襄，入于海。

四　周有八士：伯达、伯适、仲突、仲忽、叔夜、叔夏、季随、季騧。周有大赉（赐），善人是富。

五　泰山（之神），有道曾孙周王（谨）有事，（诛无道）大事既获，仁人尚作，以祗商夏蛮夷丑貉。虽有周亲，不若仁人。万方有罪，维予一人。

六　武王克殷，问周公曰："将奈其士众合？"周公曰："使其各宅其宅，田其田，无变旧亲，唯仁是亲，百姓有过，在予一人！"武王曰："广大平，平天下矣。"

七　武王肆伐大商，会朝，清明既反商，未及下车，封黄帝之后于蓟，封帝尧之后于祝，封舜之后于陈。下车而封夏后氏之后于杞，封殷之后于宋，封比干之墓，释箕子之囚，表商容之间。

八　周公谓鲁公（伯禽）曰·"君子不施（废）其亲，不使大臣怨乎不以（用）。故旧无大故，则不弃也。无求备于一人。"

九（子曰）谨权量，审法度，修废官，四方之政行焉。兴灭国，继绝世，举逸民，天下之民归心焉。所重：民、食、丧、祭。

通读上文可知，此篇先历数尧、舜、禹、汤、武王、周公，最后阐明孔子的政治理想，表明儒家的道统。

八 提要

上文所论的要点可归纳为下面七条：

一、下论十篇中，《先进》《颜渊》《子路》《宪问》《卫灵公》《子张》《尧曰》七篇为比较古老的部分，似为儒教传入齐国后所编纂的孔子语录，可能是《齐论》最古的版本。

二、河间七篇本以曾子为中心，但下论七篇以子贡为中心。因此《里仁》篇中为曾子受一贯之道，而《卫灵公》篇中则为子贡受一贯之道。大约前者为曾子派《论语》，后者为子贡派《论语》。

三、河间七篇本贬损管仲器量狭小，而下论七篇中却对管仲的功绩大加赞赏。管仲是辅佐桓公成就齐国霸业的政治家，是齐人引以为豪的人士。下论中对他大加赞赏表明受到齐国的地域影响，也证明其为齐国的《论语》。下论七篇中存在齐国方言也可以作为旁证。

四、曾子派《论语》中认为践行仁的方法是"忠恕"，而子贡派《论语》则将"复礼"与"恕"并举。相对于"忠恕"，单举"恕"而删去"忠"并代而强调"复礼"是下论七篇的特色。

五、曾子派《论语》中强调为政须以德，并将孝作为德的代表，而子贡派则认为政治的终极目的在于道德，为了实现这一目的需要粮食充足和军备充足。在此略有功利思想的萌芽。这也应该是受到齐国的地域影响。

六、河间七篇本中作为经典引用的旧本只有《诗》《书》，但下论七篇中则暗示出《公羊春秋》的兴起。

七、河间七篇本中孔子的理想是祖述尧舜，显扬周公，而下论《尧曰》篇中则列举尧、舜、禹、汤、武王、周公并阐明道统。

以上为此章所论内容的概要。至于夹杂在这七篇中的《季氏》《阳货》《微子》三篇以及各篇之间错乱颠倒的简册，需要另起一章考证。

第五章

关于《季氏》《阳货》《微子》三篇

一　崔东壁之说

　　清朝乾隆年间的考证学者崔述（号东壁）留下三十余种名著，其中《洙泗考信录》两卷以及《余录》一卷对《论语》提出了详细的批评，并研究孔子生平事迹以及门下弟子事迹。他还著《论语余说》一卷概略性地说明《论语》各篇的价值。据其观点：

　　《论语》前十篇称呼孔子一般用"子"字，而答君主之问时才称"孔子"，这是表示对君主的尊敬。因此，在《先进》篇以下五篇中对大夫之问也称"孔子"但一般不记为"孔子"，可是《季氏》篇全部以"孔子曰"开始。想来应该是前十篇为有子、曾子门人所记，那时圣人逝去不久故礼制尚完备，而后十篇为后人续记，当时卿位渐尊，卿权愈重，记录者遵当时称呼惯例而未考虑体例。

且前十篇中记录君或大夫之问时，均只用"问"并未写"问于孔子"。后十篇中《先进》《子路》两篇尚按此例，但到《颜渊》《卫灵公》篇则均打破用例，写作"问于孔子"。盖后十篇均为后人增补，原本就不是出自一人之手，《论语》的编纂者辑录多种多样的材料，所以文体缺乏统一性。后十篇中虽然有如《子路》篇这种内容佳、文体也与前十篇相似的篇章，但其他篇则不及此。特别是《季氏》篇文体变化最大，《阳货》篇材料最为驳杂，《微子》篇亦缺乏统一性。换言之，《季氏》篇每章以"孔子曰"开头，其材料出处似乎各异，篇末三章的文体尤其不同。第十二的"齐景公"章文章不完整，疑为错简；第十三的"陈亢问伯鱼"章是难以理解的问答，也就是孔子用雅言讲授《诗》，应授予所有门人，但唯独不教其子伯鱼则颇为奇怪。第十四的"邦君"章与孔子无关，《礼记·曲礼》篇中有与此大同小异之文，此处或为记录《礼》的错简。

接下来的《阳货》篇中如"子张问仁于孔子"用"问于孔子"这一形式，且其回答如"能行五者为仁"一样先分条，待对方再提问后方说明内容。这种用例不见于《论语》其他部分，暗示其可能旁采自其它书籍。

接着的《微子》篇也多称"孔子"且篇末三章与孔子没有

关系。这也是必须留意的点。

　　崔述如此概论之后，再将三篇中各章分作文体可疑、内容不可信，以及后人附记在篇末三部分，并尖锐批评。下面列出这三篇的全文，将文体可疑的章前加▽，内容不可信的章前加△，篇末附记的章前加□，而崔述认为无须质疑的章前加○，以示这三篇问题之繁多。

二　《季氏》篇　凡十四章

　　△一　季氏将伐颛臾。冉有、季路见于孔子曰："季氏将有事于颛臾。"孔子曰："求！无乃尔是（寔）过与？夫颛臾，昔者先王以为东蒙主，且在邦域之中矣，是社稷之臣也。何以伐为？"冉有曰："夫子（季子）欲之，吾二臣者皆不欲也。"孔子曰："求！周任有言曰：'陈力就列（位），不能者止。'危而不持，颠而不扶，则将焉用(为)彼相矣？且尔言过矣。虎兕出于柙，龟玉毁于椟中，是谁之过与？"冉有曰："今夫颛臾固（坚固）而近于费（季氏之邑）。今不取，后世必为子孙忧。"孔子曰："求！君子疾夫舍曰欲之而必为之辞（口实）。丘也闻，有国有家者，不患（财）贫而患不均，不患（民）寡而患不安。

盖（财）均无贫，（民）和无寡，安无倾。夫如是，故远人不服，则修文德以来之。既来之则安之。今由与求也，相夫子，远人不服而不能来也；邦分崩离析而不能守也。而谋动干戈于邦内。吾恐季孙之忧，不在颛臾，而在萧墙之内也。"

　　○二　孔子曰："天下有道，则礼乐征伐自天子出；天下无道，则礼乐征伐自诸侯出。自诸侯出，盖十世希不失矣；自大夫出，五世希不失矣；陪臣执国命，三世希不失矣。天下有道，则政不在大夫。天下有道，则庶人不议。"

　　○三　孔子曰："禄之去公室五世矣，政逮于大夫四世矣，故夫三桓之子孙微矣。"

　　▽四　孔子曰："益者三友，损者三友。友直，友谅，友多闻，益矣。友便辟，友善柔（令色），友便佞，损矣。"

　　▽五　孔子曰："益者三乐，损者三乐。乐节礼乐，乐道人之善，乐多贤友，益矣。乐骄乐，乐佚游，乐宴乐，损矣。"

　　▽六　孔子曰："侍于君子有三愆（过）：言未及之而言谓之躁（傲），言及之而不言谓之隐，未见颜色而言谓之瞽。"

　　▽七　孔子曰："君子有三戒：少之时，血气未定，

戒之在色；及其壮也，血气方刚，戒之在抖；及其老也，血气既衰，戒之在得。"

▽八　孔子曰："君子有三畏：畏天命，畏大人，畏圣人之言。小人不知天命而不畏也，狎大人，侮圣人之言。"

〇九　孔子曰："生而知之者，上也；学而知之者，次也；困而学之，又其次也；困而不学，民斯为下矣。"

▽十　孔子曰："君子有九思：视思明，听思聪，色思温，貌思恭，言思忠，事思敬，疑思问，忿思难，见得思义。"

〇十一　孔子曰："见善如不及，见不善如探汤。吾见其人矣，吾闻其语矣。隐居以求（终）其志，行义以达其道。吾闻其语矣，未见其人也。"

□十二　齐景公有马千驷，死之日民无德而称焉。伯夷叔齐饿于首阳之下，民到于今称之。其斯谓与？

□十三　陈亢问于伯鱼曰："子亦有异闻乎？"对曰："未也。尝独立，鲤（伯鱼的名字）趋而过庭。曰：'学《诗》乎？'对曰：'未也。''不学《诗》，无以言。'鲤退而学《诗》。他日又独立，鲤趋而过庭。曰：'学礼乎？'对曰：'未也。''不学礼，无以立。'鲤退而学礼。闻斯二者。"陈亢退而喜曰："（吾）问（伯鱼）一得三，闻《诗》，闻礼，又闻君子之远其子也。"

□十四　邦君之妻，君称之曰夫人，夫人自称曰小童；

邦人称之曰君夫人，称诸异邦曰寡小君；异邦人称之亦曰君夫人。

上面《季氏》篇十四章中，崔述认为不应置疑的仅有第二、第三、第九、第十一章。而这四章中，再以质疑的眼光去看，第九章与《中庸》相似，第十一章与《文子·上德》篇有相似之语，因此是较新近的语言，可能并非孔夫子之语。如此，则《季氏》篇整体几乎成为不值得相信的一篇。

三 《阳货》篇 凡二十六章

○一 阳货欲见孔子，孔子不见，归（馈）孔子豚。孔子时（伺）其亡也，而往拜之，遇诸涂（途）。谓孔子曰："来！予与尔言。"曰："怀其宝而迷其邦，可谓仁乎？"曰："不可。""好从事而亟失时，可谓知乎？"曰："不可。""日月逝矣，岁不我与。"孔子曰："诺。吾将仕矣。"

○二 子曰："性相近也，习相远也。"

○三 子曰："唯上知与下愚不移。"

▽四 子之武城，闻弦歌之声。夫子莞尔而笑，曰："割鸡焉用牛刀？"子游对曰："昔者偃也，闻诸夫子曰：'君

子学道则爱人，小人学道则易使也。'"子曰："二三子！偃之言是也。前言戏之耳。"

▽五　公山弗扰以费畔（季氏），召子（子）欲往。子路不说（悦），曰："末之也已，何必公山氏之之也。"子曰："夫召我者，而岂徒哉？如有用我者，吾其为东周乎？（周道兴于东方鲁国？）"

▽六　子张问仁于孔子。孔子对曰："能行五者于天下为仁矣。"请问之。曰："恭、宽、信、敏、惠。恭则不侮，宽则得众，信则人任焉，敏则有功，惠则足以使人。"

△七　佛肸召，子欲往。子路曰："昔者由也闻诸夫子曰：'亲于其身为不善者，君子不入也。'佛肸以中牟畔，子之往也，如之何！"子曰："然（亦）有是言也。（曰：）不曰坚乎，磨而不磷；不曰白乎，涅而不缁。吾岂匏瓜也哉？焉能系而不食？"

△八　子曰："由也，汝闻六言六蔽矣乎？"对曰："未也。""居！吾语汝。好仁不好学，其蔽也愚；好知不好学，其蔽也荡；好信不好学，其蔽也贼；好直不好学，其蔽也绞；好勇不好学，其蔽也乱；好刚不好学，其蔽也狂。"

○九　子曰："小子！何莫学夫《诗》？《诗》可以兴（人事），可以观（风俗），可以群（朋友），可以怨（时政）。迩之事父，远之事君。多识于鸟兽草木之名。"

○十　子谓伯鱼曰："女（汝）为（学）《周南》《召南》矣乎？（《周南》《召南》为三纲之首、王教之基）人而不为《周南》《召南》，其犹正墙面而立也与（焉能得行）？"

○十一　子曰："礼云礼云，玉帛云乎哉？乐云乐云，钟鼓云乎哉？（礼以敬为本，乐以和为本）"

○十二　子曰："色厉而内荏，譬诸小人，其犹穿（壁）窬（墙）之盗也与？"

○十三　子曰："乡原，德之贼也。"

○十四　子曰："道听而涂（途）说，德之弃者也。"

○十五　子曰："鄙夫！可与事君也与哉？其未得之（位）也，患得之；既得之，患失之。苟患失之，（谄媚）无所不至矣。"

▽十六　子曰："古者民有三疾，今也或是（祇）之亡也。古之狂也肆，今之狂也荡；古之矜也廉，今之矜也忿戾；古之愚也直，今之愚也诈而已矣。"

○十七　子曰："巧言令色，鲜矣仁。"

○十八　子曰："恶紫之夺朱也，恶郑声之乱雅乐也，恶利口之覆邦家者。"

○十九　子曰："予欲无言。"子贡曰："子如不言，则小子何述焉？"子曰："天何言哉？（然）四时行焉，百物生焉，天何言哉？”

△二十　孺悲欲见孔子，孔子辞以疾。将命者出户，取瑟而歌。使之闻之。

○二十一　宰我问："三年之丧，期已久矣。君子三年不为礼，礼必坏；三年不为乐，乐必崩。旧谷既没，新谷既升，钻燧改火，期可已矣。"子曰："食夫稻，衣夫锦，于女（汝）安乎？"曰："安。""女（汝）安则为之！夫君子之居丧，食旨不甘，闻乐不乐，居处不安，故不为也。今女（汝）安，则为之！"宰我出。子曰："予之不仁也！子生三年，然后免于父母之怀。夫三年之丧，天下之通丧也。予也有三年之爱于其父母乎？"

○二十二　子曰："饱食终日，无所用心，难矣哉！不有博弈者乎，为之犹贤乎已。"

○二十三　子路曰："君子尚勇乎？"子曰："君子义以上。君子有勇而无义为乱，小人有勇而无义为盗。"

▽二十四　子贡问曰："君子亦有恶乎？"子曰："有恶：恶称人之恶者，恶居下流而讪上者，恶勇而无礼者，恶果敢而窒者。"曰："赐也亦有恶乎？""恶徼以为知者，恶不逊以为勇者，恶讦以为直者。"

○二十五　子曰："唯女子与小人为难养也，近之则不逊，远之则怨。"

〇二十六　子曰：“年四十而见恶（諐）焉，其终也已。”

　　考察上面的《阳货》篇，崔述认为可以相信的章共有十八章，但第一章与《孟子·滕王公》篇相同，第二、第三两章论性。孔子并未谈及性与天道，因此此二章也不能认作是孔子所言。接着的第十章是为伯鱼讲授《诗》，与季氏第十三章一样不能说没有可疑之处。然后是第十一章中有语句可见于《荀子·大略》篇，第十三章与《孟子》重复，第十章与《荀子·子道》篇重复，第十七章与《学而》篇重复，第十八章可见与《孟子》相同且为比较新近的用语。

四　《微子》篇　凡十一章

〇一　（殷纣无道）微子去之，箕子为之奴，比干谏而死。孔子曰：“殷有三仁焉。”

〇二　柳下惠为士师，三黜。人曰：“子未可以去乎？”曰：“直（缘）道而事人，焉往而不三黜？枉道而事人，何必去父母之邦。”

△三　齐景公待孔子曰：“若季氏则吾不能，以季、孟之闲待之。”（既不能果约）曰：“吾老矣，不能用也。”

孔子行。

　　△四　齐人归女乐，季桓子受之。（君臣共观）三日不朝，孔子行。

　　△五　楚狂接舆歌而过孔子之门曰："凤兮！凤兮！何德之衰也。往者不可谏也，来者犹可追。已而，已而！今之从政者殆而！"孔子下（堂）欲与之言，趋而辟之，不得与之言。

　　△六　长沮、桀溺耦而耕，孔子过之，使子路问津焉。长沮曰："夫执舆者为谁？"子路曰："为孔丘。"曰："是鲁孔丘与？"曰："是也。"曰："是（则不问而）知津矣。"问于桀溺，桀溺曰："子为谁？"曰："为仲由。"曰："是鲁孔丘之徒与？"对曰："然。"曰："滔滔者天下皆是也，而（汝）谁以易之？且而与其从辟人之士也，岂若从辟世之士（即孔子）哉？"耰而不辍。子路行以告。夫子怃然曰："鸟兽不可与同群，吾非斯人之徒与而谁与？天下有道，丘不与易也。（道不存，故周游天下欲治之也。）"

　　△七　子路从（孔子）而后，遇丈人（老人）以杖荷蓧。子路问曰："子见夫子乎？"丈人曰："四体不勤，五谷不分。孰为夫子？"植其杖而芸。子路拱而立。（丈人）止子路宿，杀鸡为黍而食之，见其二子焉。明日子路行以告（孔子）。子曰："隐者也。"使子路反见之。至则行矣。子路

（留言于其二子）曰："（汝父）不仕无义，（然）长幼之节，不可废也；君臣之义，如之何其废之？（汝父）欲洁其身而乱大伦。君子之仕也，行其义也。道之不行，已知之矣。（然依此不可废君臣之义也）"

　　○八　逸民：伯夷、叔齐、虞仲、夷逸、朱张、柳下惠、少连。子曰："不降其志，不辱其身，伯夷、叔齐与！"谓："柳下惠、少连，降志辱身矣。言中伦（道理），行中虑（法度），其斯而已矣。"谓："虞仲、夷逸，隐居放言。身（行）中清，废（发）中权。""我则异于是，无可无不可。"

　　□九　（殷纣舍主线之乐作淫声以乱正声）大师挚适齐，亚饭干适楚，三饭缭适蔡，四饭缺适秦。鼓方叔入于河，播鼗武入于汉，少师阳击磬襄入于海。

　　□十　周公谓鲁公（伯禽）曰："君子不施（废）其亲，不使大臣怨乎不以。故旧无大故，则不弃也。无求备于一人。"

　　□十一　周有八士：伯达、伯适、仲突、仲忽、叔夜、叔夏、季随、季骊。

　　上面的《微子》篇由十一章组成，崔述认为可信的仅有第一、第二、第八章，但其摒弃的篇末三章可作为《尧曰》篇的错简，故合计六章为可用之章，但仍有五章可疑，且这五章篇幅均较长，从量上来看全篇约三分之二不足置信。值得注意的是，这五章颇具老、庄风致，可能是采用老、庄兴起之后资料所致，其中将儒家之祖孔子也当作老、庄的敬仰者。

五　《微子》篇与老庄

上节中已经提到，《微子》篇中有与老、庄相通之处，此处另辟一节试以考究。

细读《微子》篇第五章"楚狂接舆"章会奇怪为何隐者嘲笑孔子的话会编入孔子语录之中。与同样记录隐者之事的《宪问》篇"晨门"章以及"荷蒉"章对比，其不同之处会自然显现出来。也即：

> 子路宿于石门。晨门（守门者）曰："奚自？"子路曰："自孔氏。"曰："是知其不可而为之者与？"（《宪问》四十一）

> 子击磬于卫。有荷蒉而过孔氏之门者，曰："有心哉！击磬乎！"既而曰："鄙（固陋）哉！（其音）硁硁乎！莫己知也，斯己而已矣。（何忧世？《诗》云：）深则厉（涉），浅则揭。（世有道则见，世无道只隐。）"子曰："果

哉！（舍此世，如此亦）末之难矣。"（《宪问》四十二）

以上描写内容为隐者与孔子的问答，与《微子》篇相似，但《宪问》篇中孔子依然坚持自己所信并排斥隐遁生活，而《微子》篇中则大为不同，彷如孔子已与楚狂接舆共鸣。此节与《庄子·人间世》篇大同小异：

> 孔子适楚，楚狂接舆游其门曰："凤兮凤兮，何如德之衰也！来世不可待，往世不可追也。天下有道，圣人成焉；天下无道，圣人生焉。方今之时，仅免刑焉。福轻乎羽，莫之知载；祸重乎地，莫之知避。已乎已乎，临人以德！殆乎殆乎，画地而趋！

此章可能是旁采这种老庄派的记录，扭曲了孔子的真实面貌。接在此章之后的两章大约也是出自同种材料。

第六"长沮桀溺"章中"夫子怃然曰：'鸟兽不可与同群'"一句与《庄子·山木》篇中孔子听大成人教诲舍去功名，辞其交游，去其弟子，逃于大泽之后，兽不乱群，鸟不乱行之记述相似，若与此章联系起来看，则孔子最终抛却自己的主张服于老庄家的猖狂。这应该也是采用了老庄家的材料。

接着是第七"荷蓧丈人"章，丈人所说"四体不勤，五谷不分，孰为夫子？"一句与《孟子》"贤者与民并耕而食"的思想一致，也是受到老庄思想的影响，故此章也应是采自老庄的文献。

简而言之，构成《微子》篇中心的诸章，思想上更倾向于老庄家而非儒家，或许是老庄思想已风靡一世，故老庄被置于孔子之上。此种文献自然不是出自儒家，想必各位方家也已有所察。

六　"夫子"这个词

"子"是男子的美称，所以孔子的门人都以"子"称呼孔子。"子"相当于老师。孔门诸弟子说"子"显然指的是孔子。因此《论语》中的古老部分皆以"子曰"开始，门人以第三人称称呼孔子时则用"夫子"，《里仁》篇曾子说"夫子之道，忠恕也"就是一例。"夫子"的意思的是"夫之子"。《阳货》篇第四章中：

> 子之武城，闻弦歌之声。夫子莞尔而笑，曰："割鸡焉用牛刀？"子游对曰："昔者偃也，闻诸夫子曰：'君子学道则爱人，小人学道则易使也。'"子曰："二三子！偃之言是也。前言戏之耳。"（《阳货》四）

　　其中，子游当着孔子的面称呼其为夫子。这是"夫之子"这一称呼被转用作孔子的代名词之后的文章，故此处也必然比较新近。与此相同的例子也存在于《先进》篇末章"子路、曾晳、冉有、公西华言志"。《先进》篇中的内容如下：

　　　　子路、曾晳、冉有、公西华侍坐。子曰："以吾一日长乎尔（对），毋吾以也。（尔）居（常居）则曰："不吾知也！'如或知（用）尔，则何以哉？"子路率尔而对曰："千乘之国，摄乎大国之间，加之以师旅，因之以饥馑；由也为之，比及三年，可使有勇且知方也。"夫子哂之。"求尔何如？"对曰："方六七十，如五六十（之国），求也为之，比及三年，可使足民。如其礼乐，以俟君子。""赤尔何如？"对曰："非曰能之，愿学焉。宗庙之事，如会同，（衣玄）端（冠）章甫，愿为小相焉。""点尔何如？"鼓瑟希，铿尔舍瑟而作。对曰："异乎三子者之撰。"子曰："何伤乎？亦各言其志也。"曰："暮春者，春服既成。得冠者五六人，童子六七人，浴乎沂（水之上），风（放）乎舞雩（之下），咏而归。"夫子喟然叹曰："吾与点也！"三子者出，曾晳后。曾晳曰："夫三子者之言何如？"子曰："亦各言其志也已矣。"曰："夫子何哂由也？"子曰："为国以礼，（礼贵让，而）其言不让，是故哂之。""唯求则非邦也与？""安见方六七十如五六十而非邦也者？""唯赤则非邦也与？""宗庙会同，非诸侯如之何？赤也为之小相，孰能为之大相？"（《先进》二十六）

读此文，估计谁都会发现其仿效《公冶长》篇"言志"章的形式：

颜渊、季路侍。子曰："盍各言尔志？"子路曰："愿车马衣裘，与朋友共敝之而无憾。"颜渊曰："愿无伐善，无施劳。"子路曰："愿闻子之志。"子曰："老者安之，朋友信之，少者怀之。"（《公冶长》二十七）

但进一步考究其内容，则可知此章是由《公冶长》篇"孟武问"章脱胎换骨而来。

孟武伯问："子路仁乎？"子曰："不知也。"又问。子曰："由也，千乘之国，可使治其赋也，不知其仁也。""求也何如？"子曰："求也，千室之邑，百乘之家，可使为之宰也，不知其仁也。""赤也何如？"子曰："赤也，束带立于朝，可使与宾客言也，不知其仁也。"（《公冶长》八）

关于这三章的关系，和辻博士进行了最饶有趣味的批判（岩波书店大教育家文库（一）《孔子》第12—18页）。下面引用其要点：

博士说，"对比《公冶长》篇'孟武伯问'章、颜渊季路'言志'章、《先进》篇'言志'章，《先进》篇'言志'章的结构与《公冶长篇》'言志'章相同，但侍坐的人与《公冶长》篇'孟武伯问'章类似，只是《先进》篇中多加了曾皙而已。在各言其志时，'孟武伯问'章中子路、冉有、公西华的个性特点直接体现在各自的说话气势上。也即子路在'孟武伯问'章中被认为有为千乘之国治其赋的能力，而在《先进》篇'言志'章中则自诩即使千乘之国适逢兵燹或饥馑，三年也可使其有勇且知方。冉有也一样，只是国家大小变为百乘之国，而治理国家的目标则变为使民足，礼乐并非冉有所能为。然后到公西华，其束带立于朝的本领被巧妙地换为端章甫与宗庙祭祀，虽然用词完全不同，但所说之事并无二致。如此看来，没有证据表明《先进》篇此章采用了除'孟武伯问'章以外的任何材料，也就是说《先进》篇沿用了《公冶长》篇'孟武伯问'章。不过，曾皙的回答完全没出现在'孟武伯问'章中。但应该比较的是《公冶长》篇'言志'章中孔子的回答。孔子在其中举出极为平凡、安逸的共同生活，而曾皙所说与之志趣相同，不过是添了几分隐居生活的色彩。孔子的回答与人世生活密切相关，而曾皙的回答重点移至亲近自然。但即使如此，孔子所说的'朋友信之，少者怀之'，与曾皙所说的'冠者五六人，童子六七人'之间仍有某种关联。即便此处，除《公冶长》篇'言志'章以外恐怕也不会基于其他什么特别资料。曾皙这个人原本就除此处之外，再未在《论语》中现身。这位无名弟子突然现身此处，并将三位有名的弟子都挑下马。且问答之后，孔子仅对曾皙一人透露了哂笑子路的理由。由此几乎可以断定，这种记录为晚出之物"。

以上为和辻博士的论述，可以称得上是力透纸背的真知灼见。曾皙本名点，字为皙。除《论语》此章之外，他的名字最早出现于《孟子》中。《孟子·离娄下》篇中出现一次,《尽心下》篇中出现两次，也就是总共出现三次，据《离娄下》皙为曾子之父，而据《尽心下》他与琴张、牧皮同为狂士。狂士是指空有远大理想却并无实际行动之人。曾皙身为《公冶长》篇中"吾党之小子狂简"，和《孟子》中与琴张、牧皮并列的狂士的代表，在《先进》篇中却直接压制住孔门名士子路、冉有、公西华，独占鳌头，显得颇为奇怪。并且，曾皙当着孔子面问"夫子何哂由也？"也很奇怪。最终此章无论从内容还是文风来看，都只能认为是较为新近的文章。清儒崔东壁也曾说过"(《论语·先进》篇'曾皙侍坐'章) 孔子方与诸弟子言而皙鼓瑟自如，不亦远于礼乎？至在孔子之前而称夫子，乃春秋时所无,《论语》

中惟《阳货》篇有之，乃战国时人所撰，不足据。然则此章乃学老、庄者之所伪托而后儒误采之者"。此言句句切中要害。

七　关于《子张问》篇

《季氏》篇的特征是每章必以"孔子曰"开头，文章形式上以先举出数目后解释说明者居多。如论"益者三乐损者三乐""益者三友损者三友""三愆""三戒""三畏""九思"之章即是此类。这种文体形式几乎不见于其他篇，仅有《阳货》篇"六言六蔽"一章如此。这种问答结构与《阳货》篇"子张问仁"章及《尧曰》篇"子张问政"章形式相同。因此下文试以"子张问仁"章与"子张问政"章作为此种形式的代表进行考察。先将两章列举如下：

　　子张问仁于孔子。孔子对曰："能行五者于天下为仁矣。"请问之。曰："恭、宽、信、敏、惠。恭则不侮，宽则得众，信则人任焉，敏则有功，惠则足以使人。"（《阳货》六）
　　子张问于孔子曰："何如斯可以从政矣？"子曰："尊五美，屏四恶，斯可以从政矣。"子张曰："何谓五美？"

子曰："君子惠而不费，劳而不怨，欲而不贪，泰而不骄，威而不猛。"子张曰："何谓惠而不费？"子曰："因民之所利而利之，斯不亦惠而不费乎？择可劳而劳之，又谁怨？欲仁而得仁，又焉贪？君子无众寡，无小大，无敢慢，斯不亦泰而不骄乎？君子正其衣冠，尊其瞻视俨然，人望而畏之，斯不亦威而不猛乎？"子张曰："何谓四恶？"子曰："不教而杀谓之虐；不戒视成谓之暴；慢令致期谓之贼；犹（聚）之与人也，（而）出纳之吝，谓之有司（属吏）。"（《尧曰》七）

此"子张问仁"章在现行本《论语》中收录于《阳货》篇。此章下半"宽则得众，信则人任焉，敏则有功，惠则足以使人"一句，仅将《尧曰》篇"子张问政"章之前的"宽则得众，信则民任焉，敏则有功，公则说"一句进行了形式微调。关于此句，丰岛丰洲在《论语新注》中将末句"公则说"的"公"字解释为"惠"字的残字，并认为这四句为《阳货》篇"子张问仁"章的乱简。但清儒翟灏《四书考异》中在同一观点下却认为"子张问仁"章原本应存于《尧曰》篇中，与"子张问政"章并排。考虑到"子张问仁"章与"问政"章文风相似，翟灏之说应该更为得当。据何晏《论语集解》序，《古论》将《尧曰》篇"子张问"分出另为一篇，但仅"子张问政"章作为单独一篇则篇幅过短，可能《古论》将"子张问仁""问政"两章合为《子张问》篇。如此想来，将"子张问仁"章放入《阳货》篇中的是《鲁论》，《古论》中则可能将之排在《尧曰》篇之后，现行本《尧曰》篇存在乱简即是证据。不过，"子张问仁"章与"问政"章与《尧曰》篇其他章无关联，在《阳货》篇内更无关系。但《阳货》篇中因为此章，原本关系密切的"公山不扰"章与"佛肸召子"章被分隔开。如此想来，"子张问仁"章与"问政"章均与《季氏篇》采用相同的材料，故应该将其与《阳货》篇、《尧曰》篇分开来看。

"子张问仁"章说践行恭、宽、信、敏、惠五者即为仁，而恭是指自身持重恭敬，宽即宽以待人，信指信守承诺，敏指做事敏捷，惠即对下施惠，这五者是孔子常说之事。例如：

> 子谓子产："有君子之道四焉：其行己也恭，其事上也敬，其养民也惠，其使民也义。"（《公冶长》十六）
>
> 子曰："居上不宽，为礼不敬，临丧不哀，吾何以观之哉？"（《八佾》二十六）
>
> 子曰："人而无信，不知其可也。"（《为政》二十二）
>
> 子曰："君子欲讷于言，而敏于行。"（《里仁》二十四）
>
> 或问子产。子曰："惠人也。"（《宪问》十）

但孔子除此章之外，并未曾说过合五者即为践行仁的方法。大约此章作者收集孔子平常的言论而作此章，并非直接记录孔子自己的言谈。

接着是"子张问政"章，孔子先答子张问，说"尊五美，屏四恶"即为政治的要谛，然后抬高视线等待子张再问。五美之中"泰而不骄"一条取自《子路》篇第二十六章"君子泰而不骄"；"威而不猛"一条取自《述而》篇第三十八章"子温而厉，威而不猛"；"劳而不怨"其后的说明为"择可劳而劳之，又谁怨？欲仁而得仁，又焉贪？"，应该是改写自《述而》篇第十四章评伯夷时的"求仁而得仁，又何怨"。因此要举出"五美"的所有出处虽非易事，但所谓"五美"应该都是从孔子以前言论中摘出的。接下来孔子答子张的再问，举出虐、暴、贼、吝四者作为四恶，可能出自《荀子·宥坐》篇中所举孔子之言：

> 孔子曰："嫚令谨诛，贼也。今生也有时，敛也无时，暴也；不教而责成功，虐也。已此三者，然后刑可即也。"

荀子举出三恶而及最后的吝，但《论语》说吝之节与前面三恶句法相异，疑为后人续入。如此想来，"子张问政"篇成立时间应该在《荀子》之后。以此为标准来判断《季氏》篇诸章的话，不得不认为其与"子张问仁""问政"两章成立于同一时期。

> 孔子曰："侍于君子有三愆（过）：言未及之而言谓之躁（傲），言及之而不言谓之隐，未见颜色而言谓之瞽。"（《季氏》六）

以上一章中，"躁"字据陆氏《释文》，《鲁论》作"傲"，而《荀子·劝学》篇有与此几乎完全相同的句子，显然将"躁"字作"傲"：

> 故未可与言而言，谓之傲；可与言而不言，谓之隐；不观气色而言，谓之瞽。故君子不傲、不隐、不瞽。

结合两处引文来看，可推知应该出自同一材料。因此，认为《季氏》篇与"子张问仁""问政"章等与《荀子》均采自同一时期的孔子语录应该大致没有错误。这些部分并不能上溯至比战国末期更古的时代。

八　提要

　　归纳前文所述,《季氏》《阳货》《微子》三篇是《论语》二十篇中最为新近的篇章。尤其是《微子》篇,深受老庄思想的影响。《季氏》篇虽无疑是儒家思想,但这些篇章多采用以孔子所言为基础而经后世儒家所改写过的材料,而非记录孔子自身所言。《阳货》篇中有疑为抄自《孟子》和《荀子》的材料,《季氏》篇与《微子》篇也有类似章节,令人颇感驳杂。总而言之,这三篇的成立时间无法上溯至战国末期以前,与其他诸篇相比价值有所逊色。

第六章

齐鲁二篇本

一 《学而》篇的内容

如第二章第四节所论,《学而》《乡党》两篇对应齐鲁二篇本;《学而》篇记录孔子的言论,而《乡党》篇记录其行为,二篇合而为孔子言行录。本章将对这两篇的内容进行考察,以阐明齐鲁二篇本的特点,以及这两篇与其他篇的关系。

首先,《学而》篇约由十六章组成,第一章与末章前后照应,每章次序也合理贯通,看起来是基于某种意图而编纂。先看第一章:

子曰:"学而时习之,不亦说乎?有朋(友朋)自远方来,不亦乐乎?人不知(己)而不愠,不亦君子乎?"

此章分为三节，其中开始的两节与《孔子世家》中的记述"（定公五年）是以鲁自大夫以下皆僭离于正道。故孔子不仕，退而修诗书礼乐，弟子弥众，至自远方，莫不受业焉"对照，则可将此处解释为孔子既已绝志仕官后专心于教育，弟子们仰慕其学问德行遂从远方而来，聚于门下时的喜悦之言，清朝的考证学者也作如此解释。但若将第三节也视作孔子所言，则"不亦君子乎"一句像是自夸，略感怪异。因此此章与孔子的生平事迹无关，而是辑录孔子讲述学习之喜悦、与朋友齐聚之快乐，以及学问之目的的言论，为孔子的学徒展现孔子的学风吧。据《述而》篇，孔子自述"学而不厌，诲人不倦"，则此章中学习之喜悦即为"学而不厌"，朋友齐聚之快乐即为"诲人不倦"之意。那么，若论"学而不厌，诲人不倦"的目的标准又是什么，则它绝非图名，而是自我的充实向上。所以，孔子说"不义而富且贵，于我如浮云"（《述而》），又说"德之不修，学之不讲，闻义不能徙，不善不能改，是吾忧也"（《述而》）。此章第三节中"人不知而不愠"与《学而》篇最后一章"不患人之不己知，患不知人也"一同表明，学问的目的在于修身而不在于名利。因此，这一章是孔子向学徒讲解学习的喜悦、朋友齐聚的快乐，并鼓励学徒勇于向学问真正的目的地迈进，可以说是孔门之学的口号。

编纂者在第一章中展示了学问的方向标准，接着引用有子之言表明了学问的对象为何物。

> 有子曰："其为人也孝悌而好犯上者，鲜矣；不好犯
> 上而好作乱者，未之有也。君子务本，本立而道生。孝
> 悌也者，其为仁之本与！"

议也就是在教诲，孔门治学的对象为仁道，仁道之本始于
孝悌。

不过，所谓仁道是指建立人与人相爱相亲之社会的道，绝
非表面的花言巧语或态度殷勤即可实现的。于是，孔子又说：

> 子曰："巧言令色（之人），鲜矣仁！"

这里暗示需要诚心诚意，接着他又借曾子之语教导其实现
方法。

> 曾子曰："吾日三省吾身：为人谋而不忠乎？与朋友
> 交而不信乎？传不习乎？"

此章最后一句作"传不习乎"，古注训读为"可传不习乎"，
朱注训读为"传而不习乎"，均难以理解。但若与《大戴礼记·曾

子立事》篇中"君子既学之，患其不博也；既博之，患其不习也"比较，则"传（傳）"字应为"博"的讹字，"博"字以下大约有脱字"而"。孔门之学兼具知行二者，"博"展示知识的广博，"习"则指行动的习熟。也就是说，此句应训读为"博而不习乎"，与第一章"学而时习之"相对应，意思是自我反省治学难道只求见识广博，不在于付诸实践吗？而实践必须守忠信之道，于是曾子强调要反省"为人谋而不忠乎？与朋友交而不信乎？"忠指的是尽忠心之意，即不欺骗自己的良心，信指的是信守承诺，不欺人。前者是自己修身的原理，后者是社会道德的基础，常常自我反省这两方面，同时也反省是否仅停留在求知层面而没有付诸行动才是践行仁道的方法。如上所示，讲解完仁道的践行方法之后，孔子又如下进一步讲解人伦大纲：

> 子曰："导千乘之国，敬事而信，节用而爱人，使民以时。"
>
> 子曰："弟子入则孝，出则悌，谨而信，泛爱众而亲仁。行有余力，则以学文。"

仁是综括人类道德的名称，其中最重要的事例是家庭内的孝与社会上的悌，一国政治也在于仁。孝悌与政治虽然看起来是两回事，但根本上都是要爱民以及守信，爱与信是所有道德的本质精神。以爱与信事父母，事君，与朋友交，就是人类道德的整体规范。因此，子夏如下所言：

> 子夏曰："贤（尊）贤易（轻易）色，事父母能竭其力，事君能致其身，与朋友交言而有信。虽曰未学，吾必谓之学矣。"

治学的目的在于践行这三者，所以能完全践行这三者，则不读书亦是有学问。他生动地道破了治学的目的在何处。

先展现学问的方向，接着说明其目标，再论其实现方法，讲解完人伦大纲，则之后就是说明学者的注意事项。

> 子曰："君子不重则不威，学则不固。主忠信（之人），无友不如己者，过则勿惮改。"

仁斋先生云："凡《论语》诸章有记一时之言，有并录异日之语，有缀辑数言为一章，此章盖缀辑夫子平生格言而成一章以相传授者，其一句各说一事。"东条一堂也沿用此说，并认为"此章集数语为一章，每句全不相接"。今按：此章四节虽各说一事，但均在论述治学者应注意之事。

一、治学者要注意态度须庄重，《尧曰》篇中说"君子正其衣冠，尊其瞻视俨然，人望而畏之"，以及《泰伯》篇中说"君子所贵乎道者三：动容貌，斯远暴慢矣；正颜色，斯近信矣；出辞气，斯远鄙倍矣"，都与此节意思相同。

二、学问的目的在于修身，并非一定要读书，但读书学问可救人于固陋之蔽，因此孔子教诲要勤于学文，孔子对子路所说"好仁不好学，其蔽也愚；好知不好学，其蔽也荡……好勇不好学，其蔽也乱"（《阳货》）等是相同的意思。

三、讲择友的方法，同样的话也可见于《子罕》篇，应是对孔门学徒来说很重要的教诲。

四、与《卫灵公》篇"过而不改，是谓过矣"同义。教导改过时不要犹豫，是对志于向上的学徒最合适的注意事项。

要而言之，以上四节虽每节所讲不同，但都是记录学徒应注意的事项。如其所示，此章所记为学徒的注意事项，但毕竟还都是个人的言行举止。于是，接着它便引用曾子所言来讲解对社会的注意事项。

> 曾子曰："慎终追远，民德归厚矣。"

古注将此章解释为论丧葬祭祀之礼，但一堂广采古典的用例指出此为谬误。盖世俗之情一般是慎始而忽终，只顾眼前的利害得失而忘记长远的将来，但求道之人则与此相反，应慎终而图谋长远，这样自然能感化社会，增厚人情美德。

> 子禽问于子贡曰："夫子至于是邦也，必闻其政，求之与？抑与之与？"子贡曰："夫子温、良、恭、俭、让以得之。夫子之求之也，其诸异乎人之求之与？"

孔子凭借温、良、恭、俭、让五德，所到之外均能听闻其政事，即为一个例子。

> 子曰："父在观其志，父没观其行。三年无改于父之道，可谓孝矣。"

孝子在父亲在世时就继承父亲的志向，等父亲死后则尊重父亲的规矩习惯不随便更改，这也是慎终追远的一例。

> 有子曰："礼之用和为贵。先王之道斯（和）为美，（然）小大（之事）由之。有所不行，知和（之贵）而和，不以礼节之，亦不可行也。"

礼的精神内核在于人和，但人和不能轻视礼法。这一条对只注重精神而轻视形式的人来说应该是很好的教诲。

我们已知，与朋友交际时需要重视信、恭、亲，但这些均须附加条件。

> 有子曰："信近于义，言可复也；恭近于礼，远耻辱也；因不失其亲，亦可宗也。"

换言之，信即严守约定。不过，这并非称赞尾生之信，所以大人并不一定言必有信，只要于有道义之处守信即可，也即合乎道理的约定才需要遵守。恭自然是美德，但恭敬而无礼则不过劳心劳力而已，因此恭要合乎于礼才能避免被人侮辱。朋友之间须因心而友，但不可以到牺牲家人亲情的程度。如此详细说明此章之后，可知它与上一章论礼的必要性所表达的意思并无二致。

以上所说为学生应注意的一般事项，但立于人上之人也必须是好学之人。于是，此章又附记君子的留意事项。此处的君子与野人相对，是官吏之意。

> 子曰："君子食无求饱，居无求安，敏于事而慎于言，就有道而正焉，可谓好学也已。"

也就是说，立于人上的官吏不能贪图安逸，要安心做事且言谈谨慎，常与有道之人谈话，避免陷入独善其身之地。

子贡曰："贫而无谄，富而无骄，何如？"子曰："可也。未若贫而乐道，富而好礼者也。"子贡曰："《诗》云：'如切如磋，如琢如磨。'其斯之谓与？"子曰："赐也，始可与言诗已矣！告诸往而知来者也。"

此处引用《诗》来说明学无止境的道理，并劝谏孔门学生应一生求道精进。

子曰："不患人之不己知，患不知人也。"

最后一章与《里仁》篇"不患莫己知，求为可知也"，《宪问》篇"不患人之不己知，患其不能也"，以及《卫灵公》篇"君子病无能焉，不病人之不己知也"同义，与《学而》篇第一章"人不知而不愠，不亦君子乎？"相呼应，表明治学的目的不在于富贵腾达，而在修身向上。《学而》篇即结束于此。

二 《乡党》篇的内容

《学而》篇辑录孔子的言谈展现其学问的方针，与之先对，《乡党》篇则记录孔子的行为举止以传达圣人的面貌。

旧注将全篇看作一章，朱子则将其分为十七节，而我想将其划分为十四章。每章虽然都记录孔子的行为举止，但其中与《礼经》《礼记》大同小异之文颇多。因此苏东坡认为此篇并非仅仅是孔子行为的记录，还混入了《曲礼》的语句。此篇确实有很多与《礼经》《礼记》一致的语句，但这并非因为混入了《曲礼》的语句，而是表明孔子的一举一动均以《礼》为根据。下面将此篇全文列出，并附上与《礼经》及《礼记》一致的部分以示其概略。

一　孔子于乡党恂恂如也，似不能言者。其在宗庙朝廷，便便言唯谨尔。朝与下大夫言侃侃如也，与上大夫言訚訚如也。君在踧踖如也，与与如也。君召使摈，色勃如也，足躩如也。揖所与立，左右其手。衣前后襜如也。趋进翼如也。（一）宾退，必复命曰："宾不顾矣。"入公门，鞠躬如也如不容。（二）立不中门，行不履阈。过（君）位色勃如也，足躩如也，其言似不足者。摄齐升堂鞠躬如也，屏气似不息者。（三）出降一等，逞颜色怡怡如也。

没阶趋进翼如也。复其位踧踖如也。（四）执圭鞠躬如也，如不胜。上如揖，下如授。勃如战色，（五）足蹜蹜如有循。（六）享礼有容色。私觌愉愉如也。

以上第一章为记录孔子公共生活的态度，其中与《礼》有关的语句摘录如下：

（一）宾出，公送于大门内，再拜。宾不顾。（《仪礼·公食大夫礼》）

（二）大夫士出入君门，由闑右，不践阈。（《礼记·曲礼》）

宾入不中门，不履阈。（《礼记·玉藻》）

（三）下阶发气，怡焉。（《仪礼·聘礼记》）

（四）执圭入门，鞠躬焉，如恐失之。（《仪礼·聘礼记》）

凡执主器，执轻如不克。（礼记·曲礼）

（五）执龟玉，举前曳踵，蹜蹜如也。（《礼记·玉藻》）

（六）及享，发气焉，盈容。众介北面，跄焉。私觌怡怡焉。（《仪礼·聘礼记》）

二　君子不以绀緅饰（衣）。红紫不以为亵服。（一）当暑，缜絺绤，必表而出。（二）缁衣羔裘，素衣麑裘，黄衣狐裘,亵裘长,短右袂。(卧)必有寝衣,长一身有半,(敷)狐貉(皮)之厚以居。(三)去丧,无所不佩,非帷裳(朝祭服),必杀之。(四)羔裘玄冠不以吊。(五)吉(告)月(朔),必朝服而朝(庙)。齐必有明衣,(用)布。齐必变食(设盛馔),居必迁坐(居正寝)。食不厌精,脍不厌细。食饐而餲,鱼馁而肉败不食。色恶不食。臭恶不食。失饪(烂熟)不食。不时不食。割不正不食。不得其酱不食。肉虽多不使胜食气(饭饩)。唯酒无量,不及乱。沽酒市脯不食。不撤姜食。不多食。祭于公不宿肉。祭肉不出三日,出三日不食之矣。食不语,寝不言。虽疏食菜羹瓜祭必齐如也。席不正不坐。乡人饮酒,杖者(老人)出,斯出矣。(六)乡人傩,朝服而立于阼阶。问(遗)人于他邦,再拜送之。

第二章描写孔子的私人生活,也可找出与《礼》书相似之处。

(一)袗絺绤,不入公门。(《礼记·曲礼》)

(二)君子狐青裘,豹褒元,绡衣以裼之;麑裘青犴褎,绞衣以裼之;羔裘豹饰,缁衣以裼之;狐裘,黄衣以裼之。(《礼记·玉藻》)

（三）凡带必有佩玉，唯丧否。（《礼记·玉藻》）

（四）羔裘玄冠，夫子不以吊。（《礼记·檀弓》）

（五）孔子曰："朝服而朝，卒朔然后服之。"（《礼记·玉藻》）

（六）乡人禓，孔子朝服立于阼，存室神也。（《仪礼·郊特性》）郑注：禓或作献，或作傩。

此章以下列举孔子生活片段以供人想象孔子为人处事，其中也有与《礼记》相关的部分。

三　康子馈药，拜而受之。曰："丘未达（此药治何疾），不敢尝。"

四　厩焚。子退朝，曰："伤人乎？"不问马。

厩焚，孔子拜乡人为火来者，拜之士壹，大夫再。亦相吊之道也。（《礼·杂记》）

五　君赐食，必正席先尝之；君赐腥，必熟而荐之；君赐生，必畜之。

六　侍食于君，君祭先饭。

君赐之食，则君祭先饭。（《仪礼·士相见礼》）

赐之食而君客之，则命之祭，然后祭；先饭辩尝羞……而俟。（《礼记·玉藻》）

七　疾，君视之，东首加朝服，拖绅。

（君子）寝恒东首。(《礼记·玉藻》)

疾病……寝东首于北牖下……彻亵衣，加新衣。(《礼·丧大记》)

八　君命召，不俟驾行矣。

礼曰："君命召，不俟驾。"(《孟子·公孙丑》篇)

九　入太庙，每事问。

子入大庙，每事问。或曰："孰谓鄹人之子知礼乎？入大庙，每事问。"子闻之曰："是礼也。"(《论语·八佾》)

十　朋友死无所归。曰："于我殡。"朋友之馈，虽车马，非祭肉，不拜。

宾客至，无所馆。夫子曰："生于我乎馆，死于我乎殡。"(《礼记·檀弓》)

十一　寝不尸，居不容。

十二　子见齐衰者，虽狎必变（容）。见冕者与瞽者，虽亵必以（礼）貌。凶服者式之。式负版者。有盛馔必变色而作。迅雷风烈必变。

子见齐衰者、冕衣裳者与瞽者，见之虽少必作，过之必趋。(《论语·子罕》)

十三　升车，必正立执绥。车中不内顾，不疾言，不亲指。

车中不广欬，不妄指……顾不过毂。(《礼记·曲礼》)

十四（孔子行山见雌雉）色斯举矣，翔而后集。曰：
"山梁雌雉，时（善）哉！时哉！"子路共（向）之，三
嗅而作（立）。

据皇侃《义疏》,《古论》中并无最后这一章，清儒崔东
壁也说或为后人续入。或许果真如此。我倾向于与皇侃、崔
述一样删去此章，而代之以《卫灵公》以下一章，因其可看
作第十二章中"见冕者与瞽者，必以貌"的实例：

师冕见，及阶，子曰："阶也。"及席，子曰："席也。"
皆坐，子告之曰："某在斯，某在斯。"师冕出。子张问曰：
"与师言之道与？"子曰："然。固相师之道也。"

通览《乡党》全篇的话，会震惊于其中与《礼经》及《礼
记》相似语句之多。今本《礼经》仅余《仪礼》十七篇，《礼
记》也仅存《大戴礼记》的一部分与《小戴礼记》，如果《礼
经》与《礼记》都有全本的话，则《乡党》篇可能全部与《礼》
相同。如此想来，可知孔子的一举一动均为《礼》的直接体现。
但孔子的举动并不给人刻板之感，他也饮酒只是个失态而已。
朋友死后没人管，那我来办理丧事，他身上有这种深厚的温

情。乡人举行驱鬼仪式时，他穿朝服立于阼阶，并不将乡人和自己区分开来而高高在上。这种温情也见于遇到穿丧服送殡之人则式之，在齐衰者面前则必改容，对冕者与瞽者则守礼，遇到厩焚先关心人的安危。"子温而厉，威而不猛，恭而安"（《述而》）用来形容孔子真是恰如其分。

三　齐鲁二篇本的特点与其成立过程

前面两节考察了《学而》《乡党》两篇的内容，本节试想象其性质及成立过程。

前文屡述，《学而》篇记录孔子的言谈而《乡党》篇记录其行为，二者合而形成一部《论语》。从《学而》篇记录治学的目的、方法以及学者的注意事项，并劝谏弟子全心全意治学这点来看，可以想象这两篇出自孔门弟子等居于学园之时，展现了学园教育的理想。也就是说，《学而》篇阐明治学的方针目的，《乡党》篇则描绘深受学徒崇敬的孔子的面貌。当然，孔子死后门下弟子之间是否存在学园我们无法断言。但《汉书·儒林传》有如下记述：

仲尼既没，七十子之徒散游诸侯，大者为卿相师傅，小者友教士大夫，或隐而不见。故子张居陈，澹台子羽居楚，子夏居西河，子贡终于齐。如田子方、段干木、吴起、禽滑釐之属，皆受业于子夏之伦，为王者师。……天下并争于战国，儒术既黜焉，然齐鲁之间学者犹弗废，至于威、宣之际，孟子、孙卿之列咸遵夫子之业而润色之，以学显于当世。……陈涉之王也，鲁诸儒持孔氏礼器而归之。……及高皇帝诛项籍，引兵围鲁，鲁中诸儒尚讲诵习礼，弦歌之音不绝，岂非圣人遗化好学之国哉？

　　孔夫子死后七十门徒仍教于诸方，战国乱世齐、鲁之间学问未绝，至汉初鲁中诸儒仍讲诵习礼，弦歌之音不绝，因此各地尚存类似于学园的场所。而《学而》《乡党》若为齐鲁二篇本，则不难想象其为齐、鲁学者之间产生的版本。孔子死后齐国学界以子贡为盟主，而鲁国学界以曾子为旗头。《学而》篇中载曾子言论两条、子贡言论一条，以及子贡与弟子陈子禽问答一条，也印证此本出自齐鲁学派。（除此之外，《学而》篇载有子言论三条、子夏言论一条。子夏服于子贡，有若是孔子诸弟子中最年长者，备受诸弟子仰慕，孔子死后几乎被推举为取代孔子为师之人，他的言论被引用最多也是理所当然。总之，此处子贡与曾子对等地出现，暗示其为齐鲁学派折中之本。）并且，《学而》篇十六章中，第三的"巧言令色"章重复出现在《阳货》篇。而最后的"不患人之不己知"章在《里仁》《宪问》《卫灵公》诸篇中有大同小异之句。《乡党》第九的"入太庙"章重复出现在《八佾》篇中,第十二的"子见齐衰者"章与《子罕》篇中一章重复等。这些也暗示此二篇为齐鲁学派折中本。不过,这绝不意味着其为河间七篇本与下论七篇的折中本,只不过是代表鲁学派之间所传之语与齐学派之间所传之语综合之后存于其中。

那么,这个齐鲁二篇本《论语》成立于何时呢?那必然是齐儒学与鲁儒学接触之后的时代。鲁是孔子出生地,孔子死后曾子及其后学于此传承孔子学问,子思再传弟子中出现了孟子。孔子的弟子子贡据传死于齐国,因此齐国应该也有子贡后学传播儒学,但子贡后学中何人崛起尚不可知。大约子贡死后,齐国儒学并不兴盛。而待到齐宣王厚礼招天下学士之时,孟子从鲁国游历至齐国并得到宣王的信任,因此齐儒学与鲁儒学发生接触应在此时。齐鲁二篇本的成立时间也应该在其后二三十年间。现在此二篇中存在齐国方言,证明此本成立于齐国。

我在第四章中论述过,下论七篇也为齐人所传的《论语》。因此,在此须简要论及下论七篇与齐鲁二篇本的关系。

下论七篇是以子贡为中心的《论语》,其中曾子被忽视,与之相对,齐鲁二篇本中曾子与子贡被同等对待。因此,下论七篇本为纯粹的齐《论语》,而齐鲁二篇本为齐鲁折中的《论语》。再进一步说,可以认为齐鲁二篇本为鲁国儒家流入齐国之后,吸收了齐国地域色彩的《论语》。

下论七篇中,各章形式为直接记录孔子一时之言,但齐鲁二篇本中则收集数次之语作为一章(参照第二章四节)。而且后者不仅仅是将数次所说集为一章,纵观各篇还可知它似乎辑录了不同性质的材料。试通览《学而》篇全篇,可见其杂有散义章节和韵义章节。比如,如第一、第二、第三章均为散文,但第五、第六、第七、第十三章均为韵文。这明显是综合两种材料的证据。又通读《乡党》篇,第一章以"孔子"开始,而第二章则以"君子"开始。同为孔夫子,一称"孔子",一称"君子",也证明其汇集了两种材料。这样的折中本大约是在纯粹的《齐论》《鲁论》之后编纂的。

如第四章中所论,下论七篇受到《公羊春秋》的影响,但齐鲁二篇本中却并未见其影响。这也是下论七篇与齐鲁二篇本的不同之处。要而言之,齐鲁二篇本与下论七篇均为在齐国所收集的《论语》,但后者为纯粹的子贡派《论语》,而前者为曾子派与子贡派的折中本,从成立时间上来说齐鲁二篇本略晚。

结　论

　　不只《论语》研究，所有经典研究均有三种态度。第一是从语言学角度解释字句以把握文义，这称作训诂学。第二是基于读者的思想立场而没有矛盾地解释经典，这是宋、明性理学者的态度。第三是考察书籍的变迁过程，探其源流以阐明其原始意义，这可称作批判性态度。我在此小著中试以第三种态度考察《论语》考察。

　　众所周知，现行本《论语》为汉初的《鲁论》《齐论》《古论》三种《论语》折中而成，但这仅上溯至汉初，并不能溯至更古的时代。而据王充《论衡》，《古论》二十篇出现以前还存在齐鲁二篇本与河间七篇本，以及另外几种《论语》本。我尝试将现行本《论语》篇次还原至《古论》，并从中找出齐鲁二篇本与河间七篇本，得到的结论如下：

学 而 第 一　┐
　　　　　　　├ 齐鲁二篇本
乡 党 第 二　┘

雍 也 第 三　┐
公 冶 长 第 四　│
为 政 第 五　│
八 佾 第 六　├ 河间七篇本
里 仁 第 七　│
述 而 第 八　│
泰 伯 第 九　┘

子 罕 第 十 － 河间七篇本中后人增补部分

先 进 第 十 一　┐
颜 渊 第 十 二　│
子 路 第 十 三　│
宪 问 第 十 四　│
　　　　　　　　│ 此十一篇称为下论。其中除划圈四篇之外的七
卫 灵 公 第 十 五　│ 篇作为独立的孔子语录，是《齐论语》的原形。
○季 氏 第 十 六　├ 带圈四篇为后世增补。
○阳 货 第 十 七　│
○微 子 第 十 八　│
子 张 第 十 九　│
尧 曰 第 二 十　│
○子 张 问 第 二 十 一　┘

从成立顺序上来说：

一、河间七篇本：以鲁人曾子为中心的《论语》，为曾子、孟子学派所传的孔子语录，大约是《论语》的最古形式。

二、《齐论语》七篇：以子贡为中心的《论语》，应该是齐人所传的孔子语录。

三、齐鲁二篇本：从其内容及用语可推知，应出自齐鲁儒学，也就是将子贡派与曾子派折中的学派，大约成立于孟子游历至齐国之后。

四、《季氏》《阳货》《微子》《子罕》诸篇为后人从各种各样的材料中摘录孔子的言论而增补的孔子语录遗漏，其内容驳杂，各部分的成立年代各异，最新近的部分应该可以下至战国末年。

根据此顺序可知，儒教的中心随时代变迁而推移。也就是说，河间七篇本中孔子的理想是复兴鲁国建国始祖周公的礼乐，但并非只是复兴礼乐的形式，而是要复兴其核心精神。因此孔子提倡仁道，并教诲弟子所谓仁道就是践行忠恕之道。

与之相对，下论七篇也即《齐论》更重视礼乐的形式。因此孔子教导颜回"克己复礼"即为仁。孔子也教导仲弓，"出门如见大宾，使民如承大祭"，此处虽然说法不同，但其内涵也同为重礼。其后附加的"己所不欲，勿施于人"与"忠恕"的教诲相似，但《卫灵公》篇中论践行仁道的方法时仅主张"恕"

一字。因此，《齐论》中仁道的践行方法只重视"恕"而缺"忠"，并代之以重视礼的形式。

而齐鲁二篇本则重视忠信，仁道本质上就是爱人守信，要有信则必须为人谋而尽忠，但它同时也尊重礼，教导知和而和，以礼节之才能实现理想。此外《乡党》篇记录孔子举动，让人知道孔子的一举一动均为礼的具体体现。这也就是教导要综合仁道的精神与形式，也即齐学与鲁学的折中。

再到《子罕》《季氏》《阳货》《微子》《子张问》诸篇，内容驳杂，无法一概而论，但大体上而言，《季氏》《子张问》篇等的说明浮于表面形式，缺乏精神内涵，而《微子篇》等则明显可见老庄思想的影响。这诸篇的成立时间早则战国末年，晚则下至秦汉之际。

以上为大体的结论。最后若以一句话来总结原始《论语》至现行本的流传过程，则齐鲁二篇本与河间七篇本合并之后再补上《子罕》篇即为《古论》的上论，修正其篇末并将《乡党》篇排至最后即为《鲁论》的上论。《齐论语》七篇与其补足部分共十篇便是下论，在上论之后合下论便是现在的《论语》二十篇。